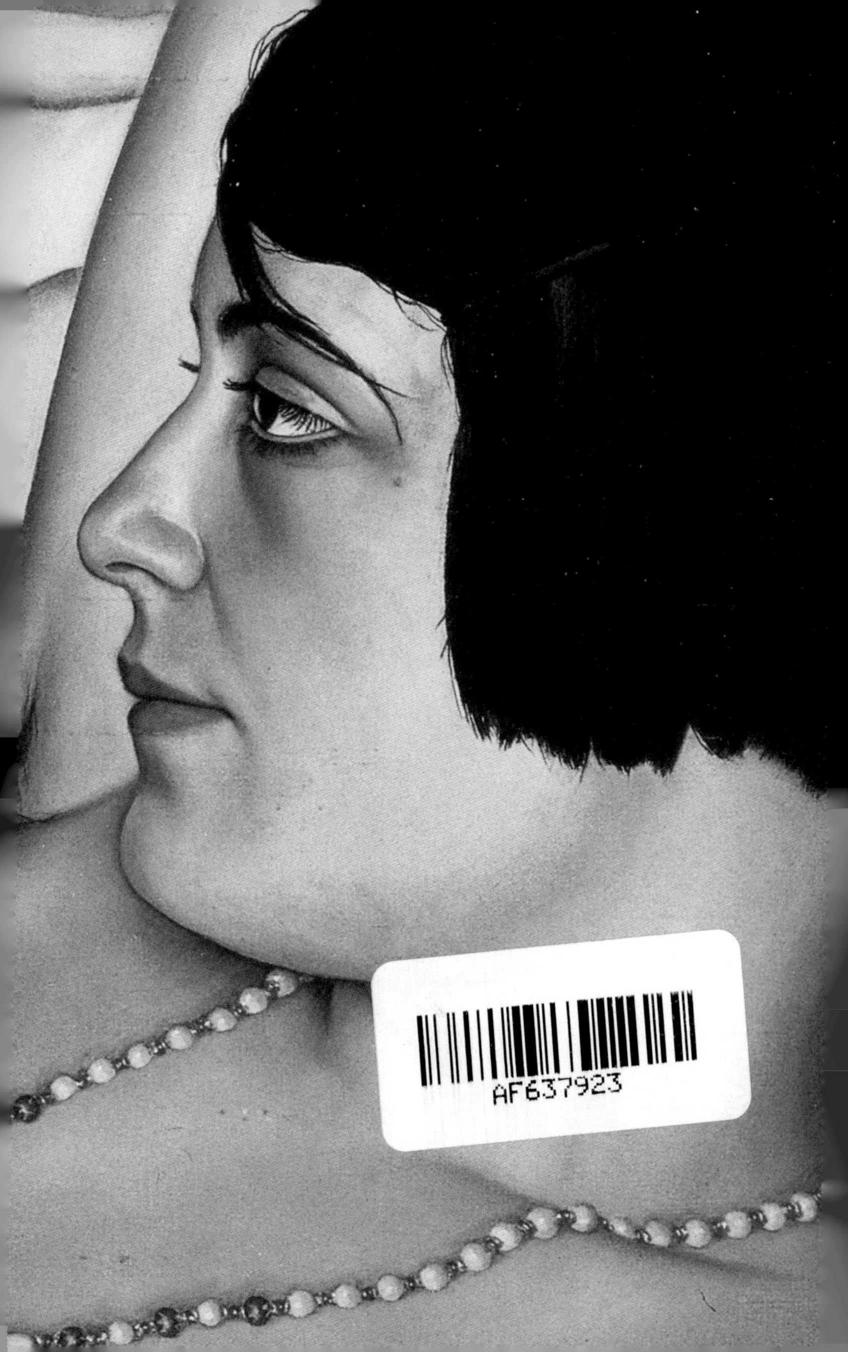

WIENAND^S KLEINE REIHE
DER KÜNSTLERBIOGRAFIEN

WEITERE TITEL:

OTTO DIX
MAX ERNST
ALEXEJ JAWLENSKY
ERNST LUDWIG KIRCHNER
GUSTAV KLIMT
KÄTHE KOLLWITZ
WILHELM LEHMBRUCK
MAX LIEBERMANN
AUGUST MACKE
PAULA MODERSOHN-BECKER
AMEDEO MODIGLIANI
GABRIELE MÜNTER
EDVARD MUNCH
EMIL NOLDE
EGON SCHIELE
MAX SLEVOGT
MARIANNE VON WEREFKIN

Thomas Richter

CHRISTIAN SCHAD

Wienand

Inhalt

O, es ist so einfach, über Raffael die Schulter zu zucken. Denn es ist so schwer gut malen zu können. Und gut malen kann nur, wer ein guter Maler ist. Gut malen wird nie, wer bloß gut malen kann. Als guter Maler wird man geboren. […] Man suche den Maler, der, obwohl er gut malen kann, kein Kitscher ist. Ich habe lange gesucht. Und auch mir widerfuhr das, was so vielen vor mir widerfuhr und dessen ich mich nicht schäme; mir öffnete Italien die Augen über mein Wollen und über mein Können.

Christian Schad in *Mein Lebensweg*, 1926

Weltgewandter Einzelgänger

ZWISCHENFÄLLE

Den Sommer des Jahres 1914 verlebt der knapp zwanzigjährige Maler Christian Schad (1894–1982) unbeschwert in dem kleinen niederländischen Küstenort Volendam. In dem beliebten am IJsselmeer nordöstlich von Amsterdam gelegenen Künstlerdorf malt er, wie schon viele junge Künstler vor ihm, pittoreske Landschaftsszenerien, porträtiert Fischer in traditioneller Tracht. Diese Idylle stört unvermittelt ein Brief des Vaters. Der angesehene Münchner Jurist Dr. Carl Schad fordert seinen Sohn in dem Schreiben auf, sich unverzüglich beim nächstgelegenen deutschen Konsulat zu melden. Die Mobilmachung des Deutschen Reiches stehe unmittelbar bevor.

Schad reist sofort ab. Dem Vater gelingt es in den kommenden Monaten durch zahlreiche Einlassungen die Bürokratie zu beschäftigen und seinem Sohn dadurch den Kriegsdienst vorerst zu ersparen. Doch im Juni 1915 liegt die Einberufung endgültig vor. Es bietet sich jetzt nur noch ein letzter Ausweg: Durch Beziehungen der Familie wird der Künstler pro forma in die südlich von München gelegene Heilanstalt für innere und Nervenkrankheiten Ebenhausen eingewiesen. Der Coup gelingt, und die behördliche Anerkennung folgt auf dem Fuße: Der Rekrut

Christian Schad in seiner Schweizer Zeit, Zürich oder Genf, um 1915/16

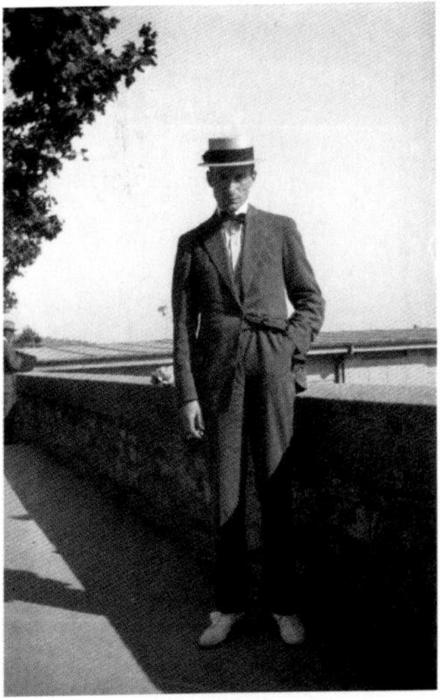

wird als „dienstunbrauchbar entlassen“ und „zum Aufenthalt in der Schweiz zwecks Kur in einem Sanatorium beurlaubt“.

Im Sommer 1915 erreicht Christian Schad schließlich Zürich. Dort nimmt er pflichtschuldig die ihm verordnete psychiatrische Behandlung auf. Aber bereits im November kommt es in der Praxis von Dr. Charlot Strasser, einem anerkannten Spezialisten für Nerven- und Gemütskrankheiten, zum Eklat. Der überaus selbstbewusste junge Mann teilt dem Arzt unumwunden mit, dass er ab sofort „die Behandlung zu beschließen wünsche“. Vom nun folgenden Geschehen berichtet der Sohn seinem Vater nach München: „Gestern nachmittags um 6 Uhr [...] begann Dr. Straßer sofort rüde zu schimpfen, mich einen Lausbuben, ein gemeines Subjekt zu heißen, daß ich meinem Vater das Geld aus der Tasche ziehe, etc. Ich blieb durchaus ruhig und wollte gehen, doch Dr. Straßer verstellte mir die Türe. [...] Während ich aber zu Boden blickte, still dastand, versetzte mir Dr. Straßer ganz unvermittelt eine fürchterliche Ohrfeige, so daß ich minutenlang nur bei halber Besinnung war. [...]. Ich [sagte]: ‚Ich hätte nicht geglaubt, Herr Dr., daß Sie sich so vergessen würden!‘ [...]. Ich hatte an diesem Abend heftige Kopfschmerzen, hörte auf dem linken Ohr schlecht und war so aufgeregt, daß ich Fieber

Fischer von Volendam, 1914,
Öl auf Leinwand, 60 × 45,5 cm

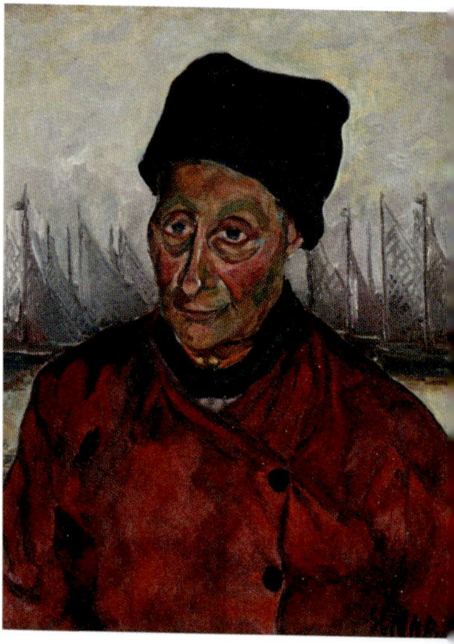

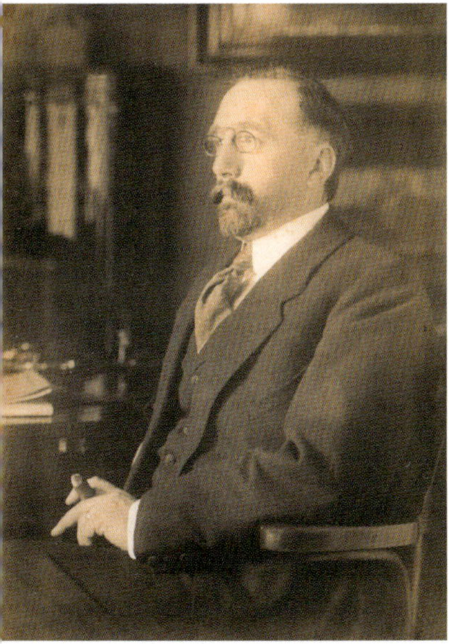

Christian Schads Vater, der Münchner Notar Dr. jur. Carl Schad, 1915

hatte." Schads Begleiter und Zeuge der burlesken Szene, der Literat Dr. Walter Serner, selbst ein quasi pro forma promovierter Jurist, beglaubigt das Schreiben an den Vater durch Unterschrift. Dieser ist schon zwei Tage später vor Ort und konfrontiert den zerknirschten Arzt mit dem Geschehen. Noch im Zürcher Nobelhotel St. Gotthard stellt er dem Sohn nach erfolgter Satisfaktion und auf dessen ausdrückliche Bitte ein schriftliches Einverständnis aus, dass dieser die Behandlung unverzüglich abbrechen und von jeder weiteren Abstand nehmen dürfe. Schad, durch die großzügige Apanage seiner Familie ohnehin mit ausreichend Freiheit ausgestattet, ist nunmehr auch von jener lästigen Pflicht entbunden. Mit Serner, dem stets mittellosen Bohemien, der sich mit seinem Vater, einem vermögenden Verleger und Herausgeber des *Karlsbader Tagblatts*, überworfen hat, stürzt er sich in das Nacht- und Künstlerleben der in jenen Tagen von zahlreichen europäischen Schwärmern und Exilanten bevölkerten Stadt.

ERWÄHLTHEIT UND ERFOLGSSTREBEN

Die Zürcher Episode und die darin sichtbare enge und zugleich eigentümlich formalisierte Beziehung zum Vater wirft ein erstes Schlaglicht auf eine komplexe und in sich widersprüchliche Künstlerpersönlichkeit. Christian Schad begegnet in den

Christian Schad als junger
Mann in München, um 1915

erhaltenen Quellen und Selbstzeugnissen stets als großer Einzelner. Einerseits extravertiert, auf Geltung und wirtschaftlichen Erfolg bedacht, verschließt er aber zugleich sein Inneres sorgsam gegenüber einer in nahezu jeder Hinsicht als ungenügend empfundenen Umwelt. So wird er lebenslang im Urteil seiner Zeitgenossen zum einen als eleganter, weltgewandter Einzelgänger wahrgenommen, so von Schads Interviewpartnerinnen Birgit Hoffmann und Sigrid Wenzel 1978: „Aus dem Arbeitszimmer tritt – ein vornehmer Herr. Hohe, aufrechte Gestalt [...] im Gespräch auf dieser und jener Formulierung beharrend, geduldig und ausführlich erläuternd, was er meint: ‚Verstehen Sie, ja?'" Andererseits begegnet den wenigen Menschen, die intimere Einblicke in die wirklichen Lebensumstände des Malers gewinnen, eine zweite, von ihrer Gegenwart abgetrennte und in sich selbst versponnene Natur des Malers. Schads Galerist Günter A. Richter erinnert sich an ein Gespräch mit dem Maler im Jahr 1980: „Wie so oft ein schwieriges Gespräch ohne eigentliche Resonanz. Meine Fragen gehen an ihm vorbei. Sie kommen aus einer anderen Welt. Er ist nicht bereit, sich darauf einzulassen. Die Vergangenheit, für ihn nichtmehr nachvollziehbar. [...] Keine Rechenschaft! Abgeschlossenheit und völlige Isolation, die um ihn herum eine Art Vakuum erzeugen. Nicht einzudringen!"

Auf Grundlage der jüngst erfolgten Bearbeitung des Künstlernachlasses und seines in Aschaffenburg erhaltenen Privatarchivs wird der Maler heute in seiner Epoche als Exponent einer von **okkulten*** Lehren und völkischen Utopien geprägten Kunstwelt kenntlich. Vor allem Schads Spätwerk speist sich sichtbar aus solchen Quellen. Weitgehend isoliert arbeitend, kultiviert Schad schon in der Zeit des Ersten Weltkriegs

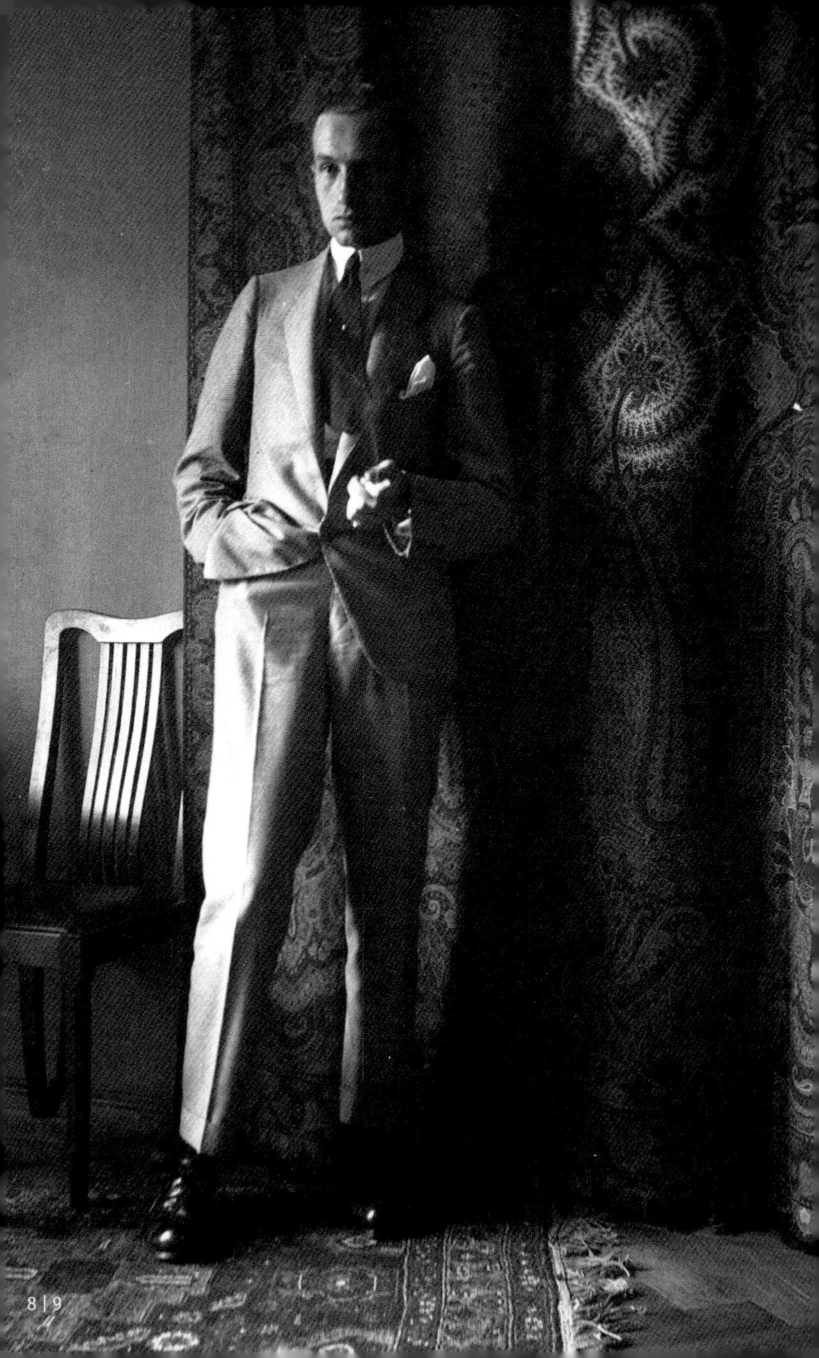

ein Selbstbild, in dem er sich die Rolle des Schöpfer-Künstlers, des erwählten Künders höherer Wahrheiten zuerkannte. Auf Basis seiner vor allem seit den 1930er-Jahren intensivierten geheimwissenschaftlichen Studien und auf Basis okkulter Praktiken verfolgte er das Bild des Sehers und Künders, der voraussetzungslos Gültiges erschafft. Dabei gelingt dem Künstler die widerspruchsfreie Verbindung dieser beiden sich scheinbar ausschließenden Sphären – esoterische Kunstauffassung und handfestes, auf materiellen und öffentlichen Erfolg zielendes Marktinteresse – über viele Jahrzehnte mühelos.

Tatsächlich erringt Schad aber erst am Ende seines Lebens jene ersehnte Anerkennung, die seine heutige Weltgeltung begründet. Die Widersprüchlichkeit seines Denkens und Handelns sowie der geistige Kern seines Schaffens blieben dabei bisher meist unberührt. Gegenüber Nachfragen verschlossen, hatte Schad mit sicherem Gespür für die Mechanismen öffentlicher Diskussionen über Jahrzehnte eine eherne, in sich schlüssige Erzählung seines künstlerischen Werdens entwickelt, die tiefer liegende Schichten seiner Persönlichkeit und seine Interessen schützte. Dabei scheute er weder Verschleierung noch Umdeutung. Auf die Frage nach der generellen Bedeutung des Publikums für den Künstler antwortete er etwa dem Journalisten Claudio Isani: „Hinter dieser Frage steht der Wunsch nach Anerkennung von außen. Bei wirklicher Kunst geht es aber darum, Unerklärbares, von dem das Leben voll ist, uns näher zu bringen. Kunst kommt nicht von ‚können', einem Begriff aus der Sphäre des Materiellen, sondern von ‚künden'. Zwei Worte, die nichts miteinander zu tun haben."

Großbürgerliche Attitüden

DIE FAMILIE SCHAD

Dieses nicht zuletzt für seine Epoche exemplarische Künstlerleben beginnt am 21. August 1894 im oberbayerischen Miesbach, der Heimat von Christian Schads Mutter Marie. Zusammen mit seiner jüngeren Schwester Margarethe wächst der Junge in München auf. Es sind privilegierte Verhältnisse. Der Vater Carl ist Spross einer erfolgreichen Gründerfamilie, die mit Fahrrädern und Nähmaschinen ein beachtliches Vermögen erwirtschaftete und deren Firma mittlerweile als bayerischer Hoflieferant firmierte. Er betreibt am Karlsplatz das angesehenste Notariat der Residenzstadt und verfügt über Sitz und Stimme in zahlreichen Aufsichtsräten bayerischer und überregionaler Unternehmen. Die Mutter, eine geborene Waizinger, entstammt einer reichen Brauerdynastie. Gesellschaftlicher Rang wird durch einen gehobenen Lebensstil der Familie dokumentiert. Carl Schads Erfolg ist jedoch fragil. Erst Ende der 1920er-Jahre wird sichtbar, dass die Familie angesichts der wirtschaftlichen Turbulenzen jener Jahre über ihre Verhältnisse lebt. Um den Status quo abzusichern, geht der Vater Risiken ein. Als die Spekulationen insbesondere mit Bergwerken in Italien und Österreich fehlschlagen, geht im Verlauf der 1930er-Jahre Carl Schads Vermögen einschließlich des Besitzes seiner Frau verloren.

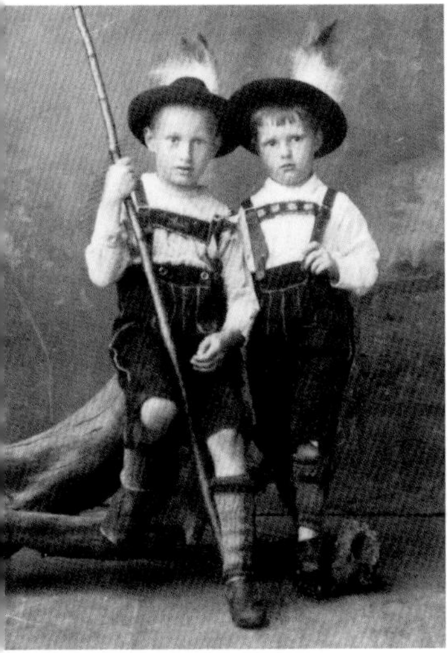

Christian Schad mit seiner Schwester Margarethe, um 1900

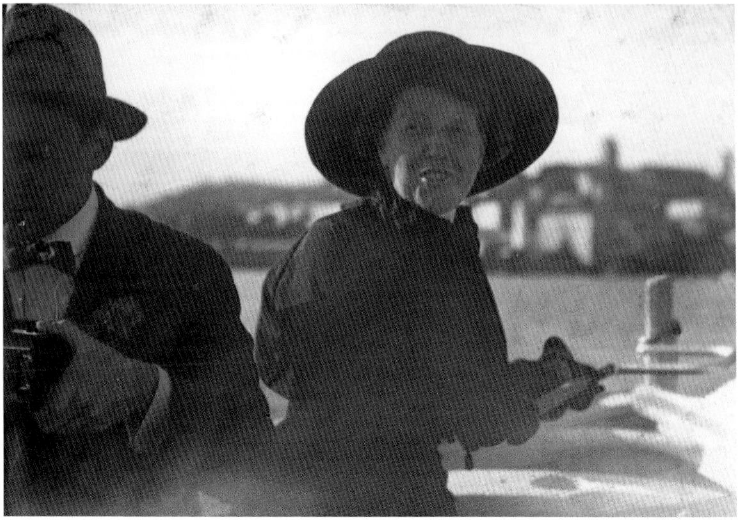

Christian Schad und seine Mutter Marie Schad auf der Überfahrt zur Insel Sainte-Marguerite vor Cannes, 1913

Marie Schad, die Mutter des Künstlers, verkörpert in ihrer Haltung den noblen Erziehungshintergrund und das Selbstverständnis „höherer Töchter". Durch Vermögen privilegiert, liebt sie bis ins hohe Alter den von Floskeln aristokratischer Würde wie von bürgerlicher Strebsamkeit und Strenge gleichermaßen geprägten Auftritt. Zu ihr unterhält der Sohn ein eher ambivalentes Verhältnis. Noch als Fünfzigjähriger fühlt sich der Maler durch Haltung und Ethos der Mutter reglementiert und kontrolliert; letztlich unverstanden.

[...] wissen Sie, ich bin erzogen, ohne Schwierigkeiten im äußeren Leben zu sehen. Das wurde alles von uns – von meiner Schwester und mir – weggehalten. Christian Schad im Gespräch mit Hans-Christoph Knebusch, 1981

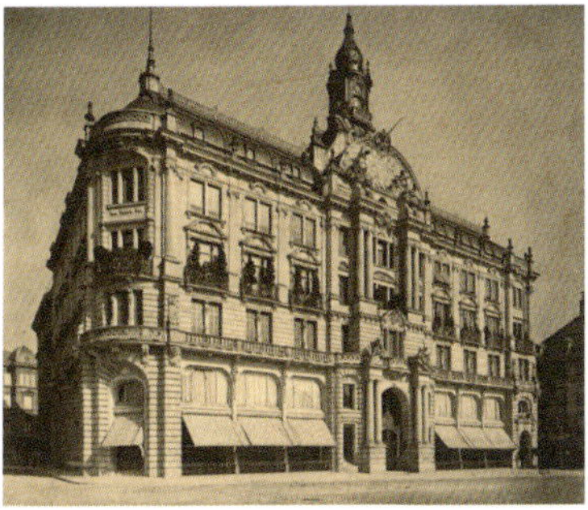

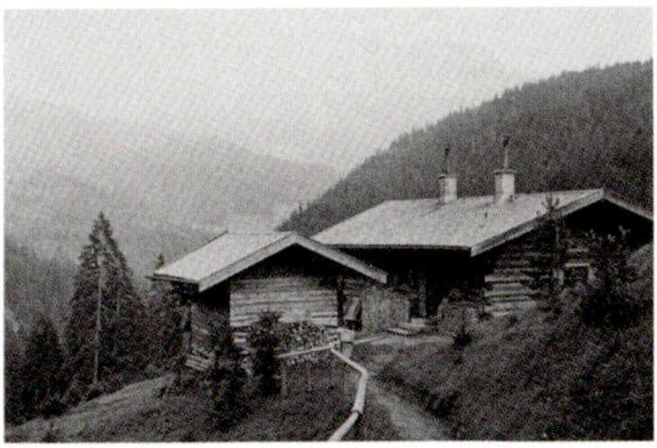

Blauwandhütte in der Valepp – Christian Schads Refugium, in dem zahlreiche grafische Werke entstanden, um 1935

Ganz oben: Das Bernheimer-Palais in München, wo die Familie Schad bis zur Zerstörung des Gebäudes im Zweiten Weltkrieg wohnte, um 1910

Seit 1914 residiert die Familie in einer repräsentativen Stadtwohnung im sogenannten Bernheimer-Palais am Münchner Lenbachplatz. Gabriel von Seidels Künstlerhaus bildet die illustre und verheißungsvolle Nachbarschaft einer unbeschwerten Jugend in der bayerischen Prinzregentenzeit. Den Sommer verbringt man in einer Jagdhütte in der Valepp, im bayerisch-österreichischen Grenzgebiet, die bis in die 1950er-Jahre als das wichtigste Rückzugsgebiet Christian Schads dient. Diese Jagd erhielt der Vater als Dank für jahrelange Dienste aus der Hand der bayerischen Herzoginwitwe Marie José, die später auch Patin seines Enkels Nikolaus sein wird. Zahlreiche Werke, meist Zeichnungen und Aquarelle, entstehen an diesem Ort oder sind, wie die Hintergründe vieler Gemäldeporträts, von dem beeindruckenden Bergpanorama unterhalb des Schindermassivs inspiriert.

Vater und Mutter sind kulturell vielfältig interessiert. Als der Sohn das Gymnasium ohne Abitur abbrechen möchte, stellen Sie es ihm ohne weiteren Vorwurf frei, eine Karriere als Musiker einzuschlagen oder sich eine Zukunft als Maler aufzubauen. Schad, der mit Erfolg das Violinspiel erlernt hat und

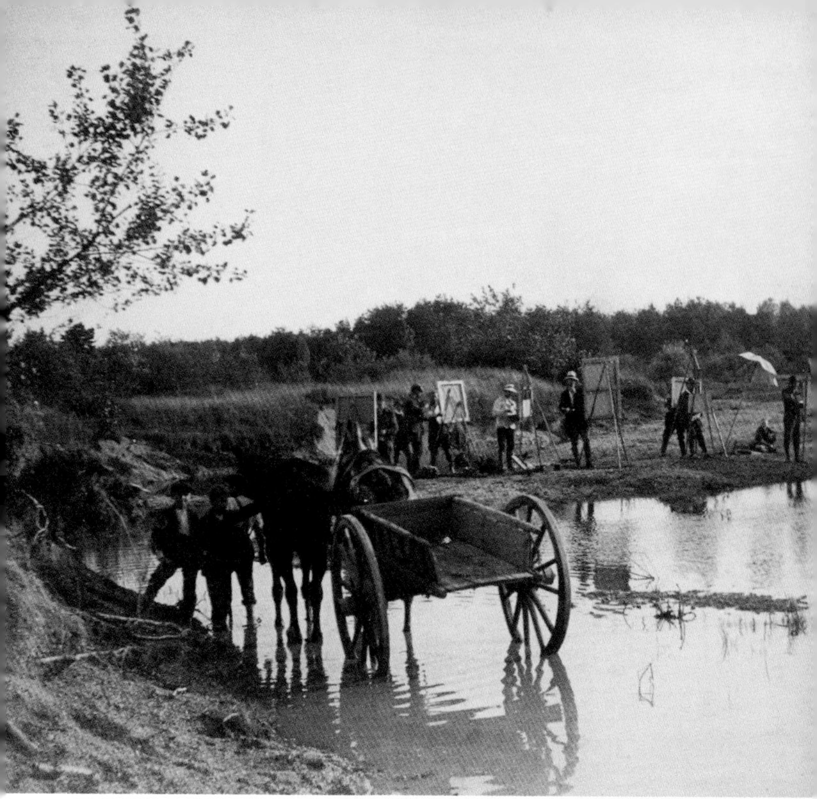

Malklasse Heinrich von Zügels in Wörth am Rhein, der auch Christian Schad angehörte, 1914

von einem Musiker des Münchner Staatsopernorchesters unterrichtet wird, wählt die Malerei, „[...] vielleicht weil es naheliegender war. Wir hatten einige Bekannte, die Maler waren".

BEGINN EINER AKADEMISCHEN AUSBILDUNG

Im April 1913 wird Schad an der Münchner Akademie der Bildenden Künste in die Malklasse Heinrich Johann von Zügels aufgenommen. Der vor allem als Tiermaler bekannte Lehrer, Gründungsmitglied der Münchener Sezession, vermittelt seinen Schülern im Dunstkreis der Dachauer Malerkolonie die

Grundlagen der Pleinairmalerei. Im Sommersemester 1914 reist die Klasse wie jedes Jahr in das Malerdorf Wörth am Rhein. Schad ist aber bald unzufrieden mit von Zügels etwas angestaubter Lehre. Als der ihn während eines Wortwechsels barsch abfertigt, kehrt der Zögling seiner Klasse ohne Verzug den Rücken. Schad wechselt zu von Zügels Münchner Kollegen Carl Johann Becker-Gundahl. Dort stört ihn rasch der mangelnde Austausch zwischen Lehrer und Schüler. Der angehende Maler spricht daraufhin bei Franz von Stuck vor, der ihn jedoch an seinen Meisterschüler Albert Weisgerber verweist. Diese Verbindung kommt nicht mehr zustande und Weisgerber fällt in den ersten Kriegsmonaten in Flandern. Zu diesem Zeitpunkt hat Schad die Akademieausbildung bereits abgebrochen und verfolgt seine weitere Laufbahn als Autodidakt.

Damit steht der junge Künstler in seiner Zeit keineswegs allein. Vielmehr bildet das biografische Detail „Abbruch der Akademieausbildung" unter Progressiven eher die Regel denn die Ausnahme, so bei Robert Delaunay oder Pierre Bonnard, bei Giorgio de Chirico, Salvador Dalí, Joan Miró und vielen anderen. In der bereits stärker durch Ausstellungserfolge und mediale Aufmerksamkeit als durch Lehrer-Schüler-Beziehungen und die offiziellen Salons geprägten Kunstwelt gilt dieses Etikett vielen als Ausdruck von urwüchsiger Kraft und Genialität, von künstlerischer Autonomie. Und schon im folgenden Jahr wird der mittlerweile in Zürich lebende Schad in der von ihm mit herausgegebenen Kunstzeitschrift *Sirius* entschieden kritisch über die abgelegte Stilepoche urteilen: „Der Impressionismus war eine Komplikation der noch abwendbaren Unklarheit, ein sich selbst täuschendes Davonlaufen vor dem Zwang zur Form."

Fluchtpunkt Schweiz – Dada

„WAHLVERWANDTSCHAFT“ MIT WALTER SERNER

Im Sommer 1915 flüchtet Schad in die Schweiz und ist sich bewusst, dass er „dem unheimlichen Räderwerk der Kriegsmaschine des ersten Weltkriegs und seinen widerlichen Folgen“ entkommen war. Zürich erscheint ihm als „[e]ine friedliche Insel in einem Ozean von Völkerhochmut und gräßlicher Verdummung [...]. Jenseits der Grenze war das Lebensverlangen in Untertänigkeit eingezäunt, alles Intuitive wurde sofort erstickt, und der Wert eines Dinges bestand nur noch in seiner Beziehung zu Militär und Krieg.“ Unter dem Eindruck des bunten und progressiven Emigrantenmilieus fühlt er an der Seite des fünf Jahre älteren Walter Serner (eigentlich Walter Seligmann), seines Begleiters und intellektuellen Mentors der kommenden Jahre, die „Potenz, Bäume ausreißen zu wollen“.

Schad lernt Serner am Tag nach seiner Ankunft in Zürich im Kreis des Bildhauers Marcel Słodki kennen. Serner lebt schon seit 1914 in der Stadt und hält sich mithilfe zahlreicher Freunde als Journalist und Schriftsteller über Wasser. Mit Hugo Kersten und Emil Szittya gibt er zunächst die pazifistische Zeitschrift *Der Mistral* heraus. Nun gründet er mit Christian Schad *Sirius. Monatsschrift für Literatur und Kunst.* Im *Sirius* erscheinen fortan Texte von Ludwig Bäumer, Else Lasker-Schüler, Peter Altenberg, Leo Sternberg und anderen. Illustrationen liefern Jean Arp, Alfred Kubin, Otto van Rees und Schad.

Zum Jahresende 1915 ziehen beide in eine gemeinsame Wohnung in der Zürcher Feldeggstraße 79. „In meinem ganzen Leben habe ich keinen Menschen getroffen, der die Klaviatur der menschlichen Möglichkeiten so virtuos und auch so sauber beherrschte und handhaben konnte wie er“, erinnert sich

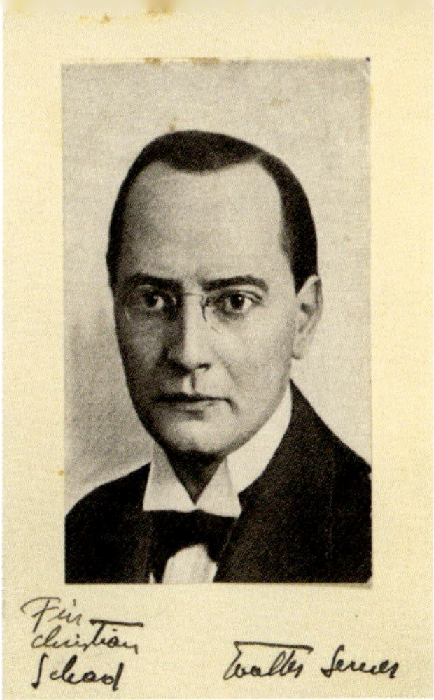

Journalist, Schriftsteller und Dada-Theoretiker Walter Serner, um 1919/20

Es [gab] keine direkte Beziehung zwischen „Sirius" und „Cabaret Voltaire". [Serner] war immer im Gespräch, hielt sich aber stets etwas abseits.

Christian Schad an Miklaž Prosenc, 1965

Schad 1971. Der Maler empfindet eine Art „Wahlverwandtschaft" und zeigt sich 1981 gegenüber Rainer Ott fasziniert von Serners gedanklicher Präzision: „Daß er alles Unnötige, also alles [...] banal Erklärende weggelassen hat. Und so wurden diese Sätze so konzentriert, sodaß er einfach rätselhaft wirkte. [...] Ich finde, daß er sich überhaupt nie verändert hat. [...] Wir sind uns ziemlich ähnlich. Bei mir war es genauso: ich bin auch ziemlich gleich geblieben. Und die Ähnlichkeit in der Konzeption und in der Weltanschauung, die hat uns eigentlich zusammengehalten. Wir haben uns sehr amüsiert. Also mit Serner habe ich vielleicht am meisten gelacht."

EXPRESSIVE HOLZSCHNITTGRAFIK

Nach den ihn enttäuschenden ersten Erfahrungen auf dem Feld der Malerei wendet Schad sich in Zürich zunächst dem Holzschnitt zu. Erste Schritte in der „schwarzen Kunst" hatte er bereits 1913/14 in seinem Atelier in der Münchner Hohenzollernstraße unternommen. Die Überwindung der klassischen Lehre und die Suche nach einer eigenen Form werden anhand von rund 25 Holzschnitten nachvollziehbar, die im

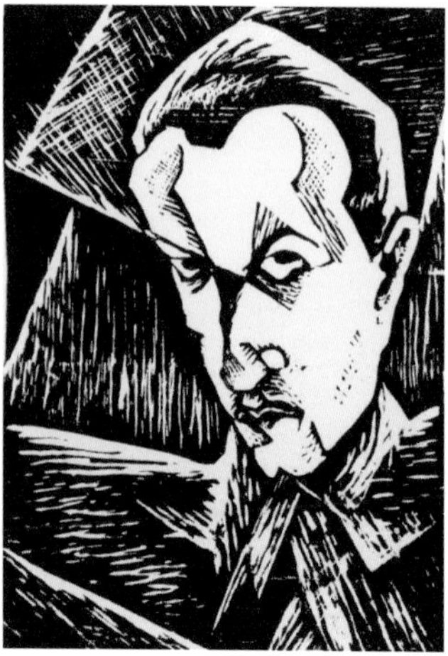

Oben: **Selbstbildnis**, 1915, Holzschnitt, 30,6 × 16,2 cm

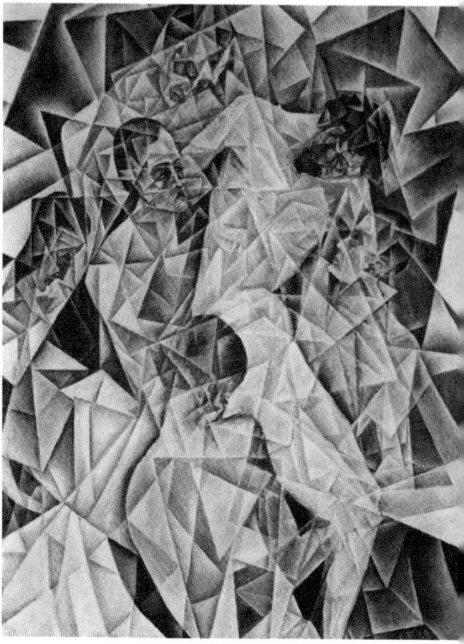

Rechts: **Kreuzabnahme**, 1916, Öl auf Leinwand, 140 × 107 cm

Verlauf des Jahres 1915 in Zürich entstehen: „Das Schwarz-Weiß der Graphik schien mir damals der einzig mögliche Ausdruck unserer geistigen Haltung zu sein, die in vorbehaltloser Opposition gegen den Krieg und allem, was damit zu tun hatte, nur das Entweder-Oder gelten ließ." Exemplarisch ragt aus dieser Gruppe das erste Selbstporträt des Künstlers heraus. Schads Stil ist gekennzeichnet durch harte lineare Brechungen des Raums, forcierte Kontrastierungen im Hell-Dunkel bei gleichzeitiger Beibehaltung und Überzeichnung des Figürlichen.

Das Schwarz-Weiß der Graphik schien mir damals der einzig mögliche Ausdruck unserer geistigen Haltung zu sein [...].

Christian Schad in Relative Realitäten. Erinnerungen um Walter Serner, 1971

Die Anfänge seines grafischen Schaffens treffen sogleich auf ein offenes Publikum und eine interessierte Kunstkritik. Im Oktober stellt Schad im bedeutenden Kunstsalon Wolfsberg in der Bederstraße aus, dort, wo zuvor schon bekannte Künstler wie Ferdinand Hodler, Cuno Amiet oder Oskar Kokoschka ihre Werke präsentiert haben. Es ist Schads erste Einzelausstellung. Der für die Förderung der Moderne in der Schweiz wichtige Kritiker Hans Trog berichtet in der *Neuen Zürcher Zeitung* wohlwollend, bemerkt aber hinsichtlich des Holzschnitts *Absalom*: „Seine Phantasie wandelt noch gerne den Weg des Krankhaften, Gräßlichen [...].“ Schads erste Grafikmappe mit zehn Original-Holzschnitten erscheint 1916 im Sirius-Verlag und wird von Max Herrmann-Neiße in den *Weißen Blättern* sehr positiv besprochen: „Die ‚Kreuzigung‘ stellt die Tat in die Scheidung von Gut und Böse, in der sie als Tat Recht hat [...] die vier Porträte sehen durch kristallne Prismen bis zu Gottes Herz hinauf [...].“ Auch Ludwig Rubiner, Kritiker aus dem Kreis um Herwarth Walden, und andere äußern sich anerkennend über Schads expressive Grafik.

WIEDERAUFNAHME DER MALEREI

Noch im selben Jahr wendet Schad sich wieder der Malerei zu. Bezeichnenderweise beschränkt er das Kolorit zunächst auf das enge Spektrum der Grisaille, er übersetzt so die formalen Tendenzen seiner Grafik in das wieder neu aufgegriffene Medium. Serner schreibt dazu in der zweiten Nummer des *Sirius*: „Christian Schads Kraft bewies sich [...] in einer schon weit zurückliegenden Arbeit, dem ‚Heiligen Sebastian‘, dessen Linien und Flächen zerrissen und zerhackt werden, als müsse der Schmerz des Märtyrers in viele kleine Fetzen und Splitter zerstücken, und nur die Pfeile sitzen scharf und fest.“ Schads

Verzicht auf die Farbe innerhalb dieser kubistisch-expressionistischen Formexperimente wird vom Publikum ebenfalls positiv aufgenommen und als mutige, konsequente Haltung gewertet. Im Austausch mit Serner entwickelt der Maler häufiger auch christlich-religiöse Bildthemen wie *Maria und Elisabeth* (1915) oder die *Verspottung Christi* (1915). Schads darin manifestes Ringen um Ausdruckskraft folgt einem Zug seiner Zeit: Konfrontiert mit den Nachrichten über die Unerbittlichkeit der Kriegsmaschinerie, verarbeiten Dichter und bildende Künstler Motive der religiösen Tradition. In solchen „Urbildern" forschen sie nach Resten einer höheren Ethik und echter menschlicher Empfindung. Nicht selten gerät dabei der Künstler selbst im Bild des Märtyrers als Scheiternder gegenüber einer als übermächtig wahrgenommenen Rohheit der Welt in den Blick. In seinen weltlichen Passionen porträtiert Schad daher mitunter nicht von ungefähr seinen Mitstreiter Walter Serner in Stellvertreterrollen, etwa als Christusgestalt im Motiv der *Kreuzabnahme* (1916). Er tat dies „[n]icht nur, weil ich mir vielleicht kein anderes Modell leisten konnte. Ich fand es richtig so, denn ich hielt ihn für den Fähigsten von allen, die in Zürich waren."

In diese Zeit fällt die Begegnung Schads und Serners mit der damals gefeierten Diseuse Marietta di Monaco, „für deren Reiz und Wesen", wie Schad sich erinnert, „wir beide etwas übrig hatten". Marietta, bürgerlich Marie Kirndörfer, stammt wie er aus München und tritt im Cabaret Bonbonnière auf, einem der rund 60 innerhalb weniger Jahre in Zürich neu etablierten Kleinkunst- und Filmtheater. Marietta findet Geschmack an den beiden Bohemiens, und Schad bemerkt dazu: „Serner hatte mit Marietta das, was – wenn jung – man problemlos mit

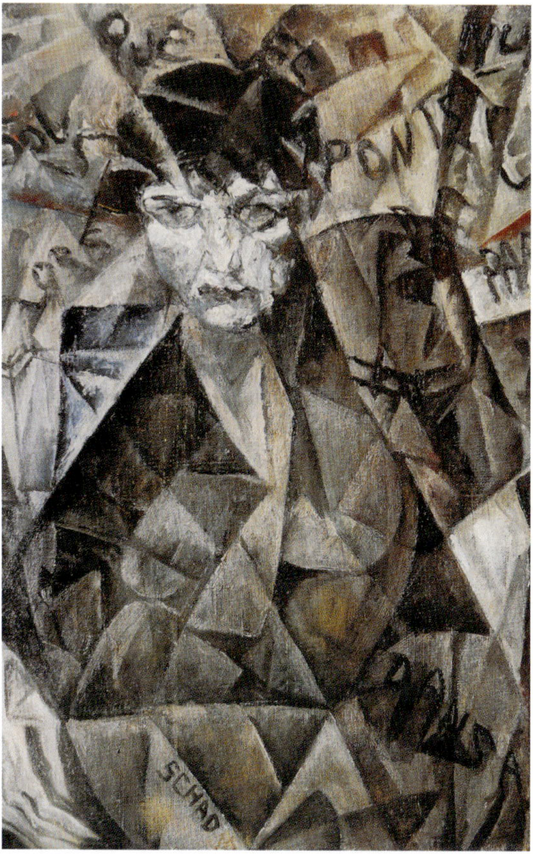

Marietta, 1916, Öl auf Leinwand, 61 × 41,5 cm

Im Porträt der Kabarettsängerin Marietta di Monaco begegnen neben den kristallinen, dem Kubismus entlehnten Brechungen bereits Elemente, die auf die kommende Dada-Periode hinweisen: versprengte Versatzstücke, Schriftfetzen als Repräsentationen von Klang, Musik und Sprache. Die im Hintergrund des Bildes sichtbaren Inschriften zitieren das damals aktuelle Chanson „Sous les ponts de Paris" von Jean Rodor und Vincent Scotto, das Marietta vermutlich im Züricher Cabaret Bonbonnière gesungen hat.

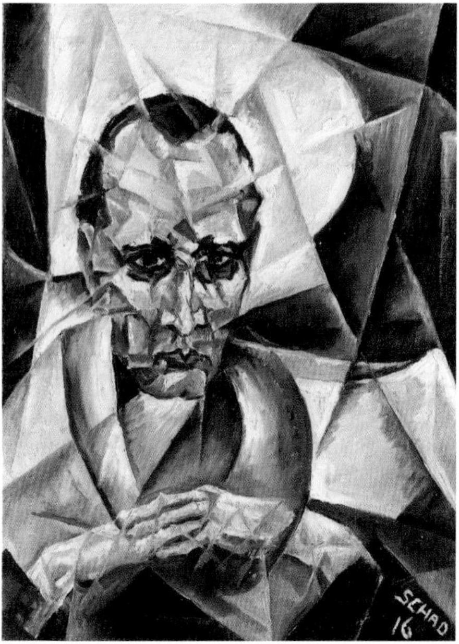

Walter Serner, 1916,
Öl auf Leinwand, 60 × 45 cm

Dada entstand aus der Reaktion gegen einen Intellektualismus, der banal war, weil er das Gedächtnis anstatt der Vernunft benutzte [...].

Christian Schad in *Zürich/ Genf*: DADA, 1962

einem amüsanten, reizvollen Mädchen hat [...]. Später 1916 malte ich Marietta, weil sie mir gefiel und weil ihre Stellung zu mir der analog war, die sie damals zu Serner hatte. Voilà les affinités." Das Porträt der Sängerin ist Schads erstes bedeutendes Frauenporträt. Der Künstler hat es nie veräußert, und so befindet es sich heute unter den bedeutendsten Stücken seines Aschaffenburger Nachlasses.

ÜBERSIEDELUNG NACH GENF: DADA

Christian Schad und Walter Serner lernen Hugo Ball, den großen Protagonisten des **Dada*** im Zürcher Hotel Hirschen kennen. Dort tritt er zum Broterwerb gemeinsam mit der Literatin Emmy Hennings als musikalisches Duo auf. Als beide kurz darauf gemeinsam mit Jean Arp, Tristan Tzara, Marcel Janco und anderen ihre epochemachenden Manifestationen des Dada im Cabaret Voltaire entwickeln, befindet sich Schad bereits auf dem Sprung nach Genf. Der Höhepunkt der Zürcher Dada-Bewegung findet ohne ihn statt. Schad übersiedelt im November 1916, Serner folgt ihm etwas später nach. An den Zürcher „Dadaismus, der eigentlich ein Kind des Expressionismus war", erinnert sich Schad später als an eine Zeit, in der „spontane Ungereimtheiten, formulierter Antisinn, temperamentvoller Aufeinanderprall von Meinungen [...] eine Atmosphäre [schufen], aus der dann im Frühjahr 1916 Dada sich selbst gebar. [...] Jedenfalls, Dada entstand aus der Reaktion gegen einen Intellektualismus, der banal war, weil er das Gedächtnis anstatt der Vernunft benutzte, und musste folgerichtig, wie etwa Zen, ganz alogisch wirken, um nicht vom Philistertum assimiliert zu werden."

Schad steht der Sinn nicht nur nach künstlerischen Experimenten. Er sucht den Erfolg. Genf öffnet sich vor ihm als mondäner, internationaler Schauplatz und verspricht ein größeres Kunstinteresse, attraktiver als das konservative Zürich, in dem sich die von der Fremdenpolizei argwöhnisch beäugten Emigranten isoliert und an den Rand gedrängt fühlen. In seinem Atelier in der Genfer Avenue Wendt 38 organisiert Schad schon im Juli 1917 eine große Ausstellung mit 66 Holzschnitten, Radierungen, Zeichnungen und 15 Gemälden. Im zugehörigen Katalogheft lässt er mit sicherem Gespür die lobenden, zuvor schon in der Zürcher Tagespresse erschienenen Stimmen auf Französisch abdrucken. Das Vorwort liefert Walter Serner unter dem Pseudonym „P. Laurencin". Er feiert seinen Freund als einen der bedeutendsten Künstler seiner Generation: „[...] Christian Schad est sans conteste une des plus grandes capacités de la dernière generation des peintres."

In Genf leben auch zahlreiche russische Emigranten, die auf dem Höhepunkt der Oktoberrevolution die Hoffnung auf Rückkehr in ihre Heimat begraben. Unter ihnen lernt Schad die Malerin Elisabeth Iwanowna Epstein kennen, und sie öffnet ihm den Zugang zu der ebenso wirtschaftlich unabhängigen wie eigenwilligen Klientel der Exilierten. Unter ihnen findet Schad Modelle, malt zum Teil mit, meist jedoch ohne Auftrag, etwa das Porträt der mit ihrer Mutter aus Russland geflohenen Emigrantin *Katja*, verstört von traumatischen Erlebnissen. Öffentliche Ausstellungen folgen im Januar 1918 zunächst im Foyer der Genfer Comédie. Holzschnitte wie *Hehlerin* (1917) oder *Affaire conclué* (1917) erscheinen nun beruhigter und formal geschlossener in der Darstellung. Schads Themen kreisen meist um Randbereiche der Gesellschaft, um Aggressionen (*Verräterin*, 1917), sexuelle Bedrängung und Ausbeutung (*Exploitée*, 1917). Im Oktober stellt er gemeinsam mit Epstein in der Société Mutuelle Artistique aus. Das Echo in den Gazetten ist allerdings eher geteilt und reicht von beiläufigem Interesse bis zu indignierter Ablehnung des jungen deutschen Malers.

DIE WEGGESPERRTEN

Im Sommer 1918 erhält Schad vom Direktor der Genfer Heilanstalt Bel-Air die Erlaubnis, einige Patienten zu malen. Es entstehen daraus sieben Gemäldeporträts. Dieses Projekt offenbart Schads besonderes Interesse an psychologisch extremen Zuständen des Menschen. Er registriert die seiner Meinung nach „wunderbare Aufrichtigkeit“ der Patienten. Der psychisch Kranke sei, so folgert er, im Unterschied zu den „Normalen“, befreit von jeder gesellschaftlichen Konvention. Er befinde sich „durch das Fehlen eines Filters, einer Hemmung“ in einem

Die Malerei ist die Fähigkeit zur Erfassung der verschiedenen mystischen Tiefen […].

Christian Schad in seiner Schrift „Productivité et aliénation mentale", 1918

ursprünglicheren, naturgemäßeren Zustand. Unter diesem Eindruck verfasst Schad 1918 den kunsttheoretischen Text „Productivité et aliénation mentale", in dem er Parallelen zwischen einem künstlerisch produktiven Schaffensprozess und mentaler Geistesverwirrtheit herstellt: „Das Schaffen erfordert Wahrnehmungsfähigkeit, Begabung, die nichts anderes als eine überschwängliche Wahrnehmungsfähigkeit ist; und an dritter Stelle eine Kraft, die den für unser Augenlicht nicht wahrnehmbaren Bereichen zu entspringen scheint ohne die alles Schaffen widersprüchlich ist. Die Malerei ist die Fähigkeit zur Erfassung der verschiedenen mystischen Tiefen, nämlich durch ein auf unseren Körper magnetisch wirkendes Entsetzen empfunden, einer nicht blutenden Wunde gleich, von einer Art Relief-Perspektive." Der Text reflektiert auch erstmals nachvollziehbar Schads esoterisches, an Rudolf Steiner und anderen orientiertes Selbstverständnis als Künstler-Schöpfer: „Kunst soll das ausdrücken, was der Künstler in sein Gestalten hineinzulegen nur dadurch imstande ist, daß seine Seele es im Zusammenhang mit der Welt erlebt, daß sein Leib ein mikrokosmisches Abbild ist des ganzen Makrokosmos. Soll das zum Bewußtsein gebracht werden, so kann das nur durch das Sehertum geschehen […]" (Rudolf Steiner, 1918).

ABSTRAKTION – HOLZSCHNITTE UND FOTOGRAMME

Um die Wende der Jahre 1918/19 gelingen Schad die bedeutendsten Werke, die diese Periode bis heute kennzeichnen. Gegenüber dem Literaten und Herausgeber der Zeitschrift *Die Dichtung*, Wolf Przygode, äußert sich der Künstler über sein aktuelles Schaffen: „Ich muss Ihnen jedoch mitteilen, dass ich nicht nur überhaupt keine Zeichnungen besitze, sondern auch in den letzten drei Jahren diese Art nicht mehr gepflegt habe, und überdies seit 2 Jahren nur mehr Abstraktes arbeitete, sodass ich mich folgerichtig der Dada-Bewegung angeschlossen habe, an deren demnächst herauskommenden grösseren Publikationen ich mitarbeite. Wenn Sie, dessen Schätzung für meine Arbeit eine hinter mir liegende Entwicklungsperiode betrifft, das gleiche Interesse meinen neuen, völlig gegenstandslosen Arbeiten entgegenbringen, bin ich sehr gerne bereit, Ihnen eine grössere Anzahl von Handdrucken nach Holzschnitten und Photos nach Compositionen zu senden." Diese Etappe markieren zunächst 14 Holzschnitte, die durch Serners Vermittlung teilweise als Illustrationen in die Zürcher Dada-Zeitschriften *Anthologie Dada* und *Der Zeltweg* gelangen. Werke wie *Analyse babylonienne* (1918) können als erste Ansätze gelten, expressionistische Zersplitterung, die noch am Gegenstand orientiert war, in reine Form aufzulösen.

Schad äußert sich im Laufe seines Lebens so gut wie nie über Bezugspunkte, künstlerische Vorläufer oder Anregungen. Kunsthistorische Überlegungen über sein Werk lehnt er ab: „Dieses ewige Nach-außen-Denken bringt immer das, was vom bequemen Formalen abweicht, unter den Scheffel, wo es dann vermodern kann, so nicht einer kommt, der keine Linienrichter-Eigenschaften hat." Obgleich er Jean Arp in seiner Zürcher Zeit nur oberflächlich kennenlernt und beide nur sehr sporadisch Kontakt unterhielten, so dürfte der Einfluss des Älteren nicht unbedeutend für Schad gewesen zu sein. Die Formen der Abstraktion, die Arp bereits 1915 in Zürich entwickelt hatte, bilden für ihn in Genf nun jedenfalls Ausgangspunkte.

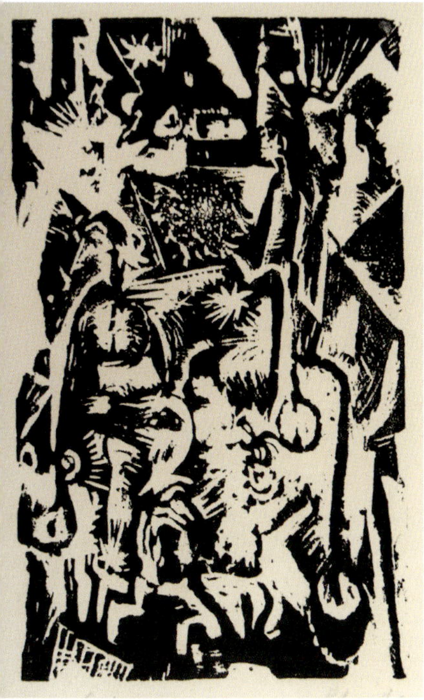

Analyse babylonienne,
1918, Holzschnitt, 6 × 9 cm

Im September 1919 ziehen Serner und Schad gemeinsam in eine Souterrainwohnung am Chemin de Roches 2. Hier entstehen als Folge ihres fruchtbaren Austauschs Ideen für neue künstlerische Ausdrucksformen: die Materialkombinationen der Dada-Reliefs sowie die im oben zitierten Brief an Wolf Przygode erwähnten „Photos nach Compositionen", also die später als **Schadographien*** bezeichneten Fotogramme. Schad findet damit in Genf seinen eigenen Zugang zu einer von ihm eher im Sinne künstlerischer Abstraktion interpretierten Dada-Idee. Für ihn liegt ihr Antisinn somit vor allem im Formal-Gestalterischen begründet, während ihn ihre politisch-gesellschaftliche Stoßrichtung über die allgemeine Floskel des „épater le bourgeois", des Bürgerschrecks, hinaus nicht interessiert: „Eine Art Dada-Programm leistete ich in Genf übrigens insofern, als ich ein Fotografieren ohne Kamera experimentierte – ein Paradox voller extremer Möglichkeiten, das Tzara kurzerhand als Schadographie bezeichnete [...]. Meine Photogramme [sind] ganz im Geist von Dada entstanden", sie stellen „etwas Neuartiges" dar und operieren „zum ersten Mal mit chemisch-technischen Phänomenen".

Dada-Experimente: Schadographie und Reliefs

Christian Schads 31 im Jahr 1919 in Genf entstandene Fotogramme beruhen auf dem Arrangement von Gegenständen auf lichtempfindlichem Auskopierpapier. Die Objekte werden während eines etwa 10 bis 15 Minuten andauernden Prozesses belichtet. Abgedeckte Flächen erscheinen heller, die dem Licht ausgesetzten Partien werden graduell dunkler. Der Künstler nutzt dabei die Fensterbank seines Ateliers als Lichtquelle. Walter Serner ist begeistert und übergibt einige Fotogramme an den Dada-Theoretiker Tristan Tzara. Der sorgt später für deren weltweite Verbreitung und Anerkennung. Tzara tauft das Verfahren „Schadographie".

Aus Fundstücken, Objets trouvés, entstehen auf diese Weise in einer Art Transformationsprozess neuartige Bilder. Schad stellt dazu 1971 in seiner Autobiografie rückblickend fest: „Das Entscheidende ist jedoch auch hier die Auswahl. Alles hängt vom Geschmack ab. Meine Vorliebe – sie begleitet mich noch heute – für alles, was irgendwo auf den Straßen, in den Auslagen, in den Cafés und auch in den Abfallkübeln herumliegt, hatte zu dieser Zeit ihren Höhepunkt erreicht [...] Was unter den Tisch fällt, sollte man aufheben. [...] Vielleicht war dies mein wesentlichster Beitrag zu Dada."

Schadographie Nr. 11, 1919, Fotogramm, 8 × 5,2 cm

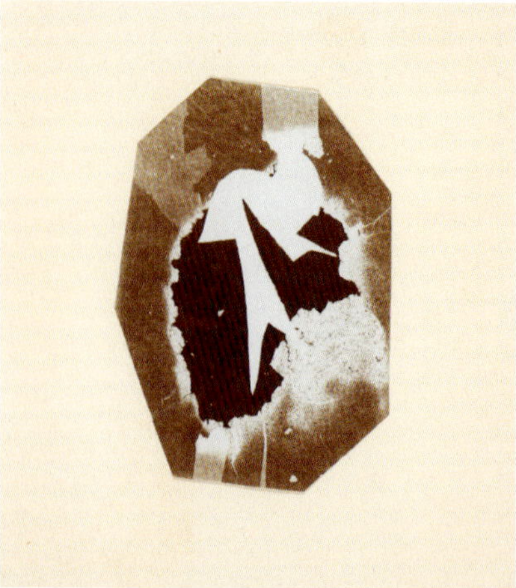

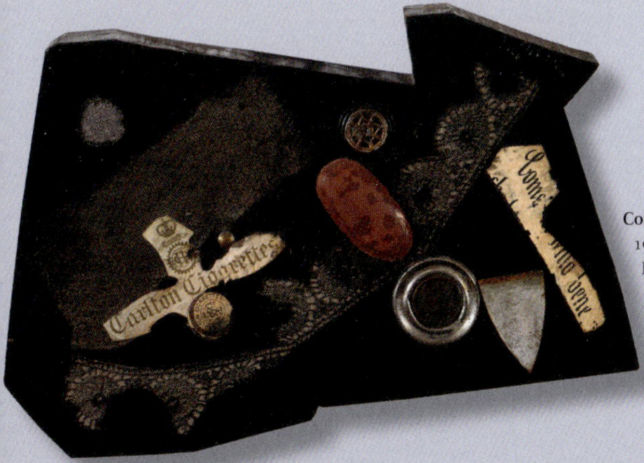

Composition en N, 1919, bemaltes Holzrelief, Papier, Metall, 16 × 25 cm

Um den Jahreswechsel 1919/20 entsteht die geschlossene Gruppe der sieben Dada-Reliefs. Am 1. Februar 1920 zeigt Schad sie erstmals in der von Serner organisierten Gemeinschaftsausstellung mit dem Genfer Maler Gustave Buchet in der Galerie für gegenstandslose Kunst des Malers und Bildhauers Pierre Néri in der Rue du Mont-Blanc 6. Ein Schreiner hatte nach Angaben Schads die Grundelemente angefertigt. Der Künstler bemalt diese daraufhin mit „Ripolin"-Emailfarben und besetzt die Oberflächen mit Nägeln, Bändern, Ketten, Fundstücken.

Schad fordert die entliehenen Schadographien später von Tzara ohne Erfolg zurück. Der Streit bildet den Grund ihres Zerwürfnisses und sorgt für Querelen unter den Pariser Dadaisten. Die Reliefs ließ Schad nach der Ausstellung in Néris Galerie zurück. Erst 1965, in der Folge der zunehmenden Anerkennung der Dada-Periode als Wegmarke in der Kunst des 20. Jahrhunderts, erinnert er sich an sie. Sie gelangen daraufhin mit Schads übrigen Dada-Experimenten in rascher Folge in internationale Privatsammlungen und Museen.

Italienische Impressionen

LÄHMENDE LANGEWEILE

Nach der militärischen Niederlage des Deutschen Reiches gehen die Härten der Kriegswirtschaft übergangslos in die Not und Depression einer in den Grundfesten erschütterten Nachkriegsperiode über. Die Zerrüttung der Währung und die aufkommende Inflation entwerten das Geld, das Schad als Unterstützung erhält. Er ist gezwungen, die Schweiz zu verlassen. Im März 1920 reist er zunächst zurück nach München.

Sein Vater führt die Familie zwar mit Geschick durch politischen Wandel und die wirtschaftliche wie soziale Krise, gleichwohl empfindet der Sohn vor allem lähmende Stagnation: „Ich hatte kaum die Grenze nach Deutschland passiert, als sich mir ein trostloses Bild bot. [...] In München war es trotz der noch relativ heilen Welt meines Elternhauses schlimmer. Die politischen Verhältnisse und die beginnende Inflation lähmten jede Initiative. Allgemeine Interesselosigkeit mündete in gähnende

In Neapel habe ich angefangen, ich möchte fast sagen: von neuem die Kontur der Dinge zu sehen. Vorher war alles ungenau, als ich expressionistisch gemalt habe, dann diese Geschichte Dada. Alles war intellektualisiert, alles war literarisch. Hier war dagegen alles wieder einfach, das war wieder richtige Malerei.

Christian Schad im Gespräch mit Anna Zanoli, 1980

Langeweile. Dadaistische Schreibmaschinenbilder, die ich in der Wohnung meiner Eltern machte, schienen mir in dieser Situation so absurd, so wirklich irrsinnig, dass ich sie wenig später wieder zerriß."

Sein Vater bietet in dieser Lage an, ihm eine Reise nach Italien zu ermöglichen. Schad, der bereits einen Kontakt nach Rom unterhält, macht sich kurz entschlossen auf den Weg. Im Rückblick schreibt er 1926 über diese Phase des Umbruchs: „[...] was mich wegtrieb, war das scharfe Bewusstsein, daß ich für mich das Recht etwas zu können, erst in Anspruch nehmen wollte, wenn ich gelernt hätte, was können sei. Und das lernte ich, indem ich mich nicht nur am Leben in allen seinen hundert und tausend Spiegelungen versuchte, sondern auch an jenen Stilen, die diese Spiegelungen widerspiegelten." In Italien möchte der Künstler nun „wieder so [...] malen, wie alle malten, die noch heute als Meister gelten".

ROM: KÜNSTLERISCHE AVANTGARDE UND PRÄFASCHISMUS

In Rom wohnt Schad im Zentrum an der Piazza di S. Claudio. Er trifft seine Kontaktperson, den Philosophen Julius Evola. Dieser hatte ihn eingeladen, gemeinsam mit ihm „chez Bragaglia" eine Dada-Ausstellung zu realisieren. Die im Jahr 1918 von den Brüdern Anton Giulio und Carlo Ludovico Bragaglia in der Via Condotti 21 gegründete Casa d'Arte Bragaglia bildet damals das Zentrum der Avantgarde Roms. Dort interessiert man sich sehr für Schads Dada-Experimente. Als Söhne eines italienischen Filmpioniers, experimentieren die beiden gemeinsam mit ihrem Bruder Arturo selbst an fotodynamischen Prozessen.

Julius Evola, Adliger aus verarmter Familie, unterhält als Offizier der italienischen Armee beste Verbindungen in die vornehme römische Gesellschaft wie in die Kreise der künstlerischen Avantgarde. In seinem Umfeld begegnet Schad unter anderem dem Futuristen Enrico Prampolini, den er möglicherweise schon 1917 in Zürich kennengelernt hat, als jener dort eine Ausstellung seiner Werke eröffnete. Schad verkehrt mit Evola in mondänen Salons, die ihn jedoch rasch zu langweilen beginnen. Es waren „five o'clock tea's, wo man nur herumstand, niemand sich setzte, weil die gutgewachsenen Römerinnen gern stehend ihre Figur präsentierten". Der besseren Gesellschaft und ihres „Jahrmarkt[s] der Eitelkeiten" wird der Künstler bald überdrüssig.

Evola hatte sich in der materialismuskritischen und antibürgerlichen, dezidiert antidemokratischen Szene der italienischen Futuristen bereits profiliert. Als früher Exponent des aufkommenden Faschismus sieht er mit der Idee des Dada eine politische Idee verknüpft. Dada soll mit seiner absoluten Negation des Alten Anteil an der Zerstörung verbrauchter Werte nehmen und somit ein zusätzliches Instrument zu einer gesellschaftlichen Wende bieten. Schad steht aber schon allein der Idee einer gemeinsamen Dada-Ausstellung mittlerweile ohne Enthusiasmus gegenüber: „Meine innere Trennung von Dada war bereits vollzogen." So beendet er weniger aus politischem Ressentiment denn aus Furcht, in einer künstlerischen Sackgasse zu enden, alle Kontakte und reist Ende 1920 unter dem Vorwand einer dringenden Zahnbehandlung Hals über Kopf ab. Sein Ziel: Neapel.

Und ich fing von neuem an. Und diesmal aus dem Vollen.

Christian Schad in *Mein Lebensweg*, 1926

NEUORIENTIERUNG IN NEAPEL

Zwischen Rom und Neapel liegt eine tiefe Zäsur im Werk Christian Schads. Er überwindet die Formexperimente der Schweizer Jahre, Expressionismus, Dada und die Abstraktion durch die Rückbesinnung auf konservative, künstlerische Werte. Sein Ideal misst sich fortan an der Malerei der alten Meister der italienischen Renaissance. Er studiert deren Werke in den Kirchen, den großen Museen und Sammlungen Italiens: „Von diesem Augenblicke an betrachtete ich alles, was sich vordem mir als Leben oder Arbeit geboten hatte, als Versuch. Und ich fing von neuem an. Und diesmal aus dem Vollen."

Schad wohnt in Neapel in einem Haus in der Via Chiaia, in dem auch ein Bordell untergebracht ist. Er beobachtet das Leben der Straßenkinder, verkehrt mit Serner, der ihm erneut nachfolgt, in der Halbwelt der Kokotten und der Mädchen aus der Via Guantai Nuovi. Gemeinsam besuchen sie die Music-Halls, die Oper, genießen die Welt des Theaters: „Wir waren beide gleichermaßen erregt von dieser Stadt, die uns fast wie ein orientalischer Fremdkörper innerhalb von Italien vorkam. [...] Es passierten in Neapel täglich die skurrilsten Dinge, die man, je nach Veranlagung, als teuflisch, magisch oder schicksalhaft ansprechen könnte. [...] Serners spontane Charakteristik war: ‚hier liegt das Tier offen'."

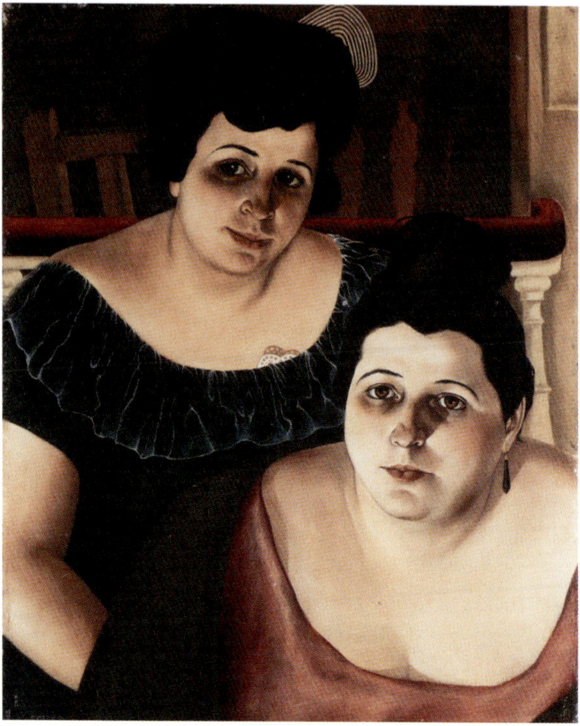

Maria und Annunziata vom Hafen, 1923, Öl auf Leinwand, 73,5 × 54,5 cm

ENTWICKLUNG VON NEUEN BILDWIRKUNGEN

Schad sucht in seinen Menschenbildern jetzt die idealisierte Wiedergabe des Figürlichen vor der kontrastreichen Folie einer realistischen Szenerie. Seine Gestalten werden im Umriss klarer, fassbarer, die Farbgebung gerät kräftig und helltonig. Die emotionale Erhebung des Expressionismus weicht der ruhigen psychologischen Betrachtung. Empfindung und Bedeutung legt der Künstler nun in seine Figuren selbst, in ihre Blicke, in die Haltungen und Gebärden: „Beim Zeichnen und Malen eines Menschen beginne ich immer mit den Augen. Sie sind für mich sozusagen der ‚Archimedische Punkt'. [...] Der andere Pol der Lebendigkeit und des malerischen

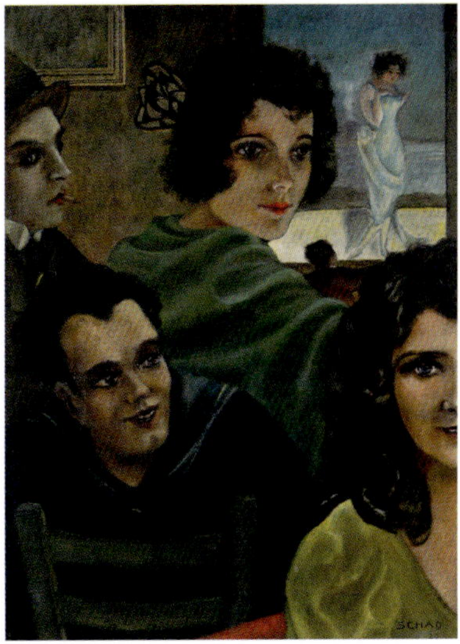

Die schöne Loge, 1920, Öl auf Leinwand, 75,5 × 55 cm

Reizes bei einem Portrait ist für mich die Haut.“ Wichtig ist Schad zudem die Interaktion der Einzelfigur mit ihrem Betrachter sowie, zu Beginn seiner sachlich-gegenständlichen Malweise, deren Stellung innerhalb psychologisch aufgeladener Figurengruppen. Beleuchtungsexperimente, etwa die von unten angestrahlten Gesichter der Dargestellten wie im Gemälde *Maria und Annunziata vom Hafen* (1923), geben Beobachtungen wieder, die der Künstler in den kleinen Theatern Neapels anstellt. Neu in der Kompositionsweise des Malers sind die durch hart definierte Bildgrenzen erzielten Überschneidungen, ein Gestaltungsmittel, das sich durchaus an fotografischen Mustern orientiert, etwa im frühesten Gemälde dieser Art, *Die schöne Loge* aus dem Jahr 1920.

August 1921 folgt Schad der Einladung des Bankiers Jacob Wolff nach Frankfurt am Main. Es ist für ihn die Chance, die gerade erst entstandenen italienischen Gemälde an einem Publikum zu erproben. Sein Vater hatte ihm geraten, Wolff Fotos der neuen Bilder aus Italien zu schicken. Nun stellt er Gemälde wie *Die schöne Loge* (1920) und *Café d'Italia* (1921) in der renommierten Kunsthandlung J. & S. Goldschmidt am Kaiserplatz in Frankfurt aus. Auch Walter Serner reist eigens an. Die Nähe dieser Bilder zu den aktuell in Italien gegenständlich arbeitenden Malern, die man später neusachlich nennen wird, ihre formale „Deutlichkeit" in der Menschenerfassung, stellt der bedeutende Kritiker Benno Reifenberg in seiner Besprechung hellsichtig heraus. Auch bemerkt er bereits eine das weitere Schaffen des Malers bestimmende ideelle Grundtendenz, die Faszination Schads für das Randständige, Obskure, die Abgründe und Verheißungen der Großstadt: „Schaut man in den kleinen Salon bei Goldschmidt, so ist es, als sähe man in das Strindberg-, in das Großstadt-Gesicht; jenes Gesicht, auf dessen Stirn bei künstlichem Licht über die Erinnerungen des Tages hinweg unstet und haltlos die Seele flattert."

KÜNSTLERISCHER ZWISCHENSTOPP: SALONMALEREI IN MÜNCHEN

Die beginnenden Inflationswirren zwingen Schad erneut, nach München zurückzukehren. Im Winter 1921/22 bezieht Schad eine im Schwabinger Künstlerviertel gelegene möblierte Atelierwohnung in der Türkenstraße. Dort entstehen zahlreiche erstaunlich konventionelle Porträts Münchner Bürger und bayerischer Adliger. Offensichtlich drängt der Vater den bald Dreißigjährigen dazu, nun verstärkt auf dessen gesellschaftliche Beziehungen zu setzen. Um die Wende 1922/23 malt Schad das Porträt der Herzoginwitwe, der Infantin Portugals, Maria Josepha (José). Zahlreiche solcher in gefälliger Manier erstellte Porträts folgen, etwa jenes des Klaviervirtuosen Joseph Pembaur. Schad malt ihn mit Lavallière und wallendem Haarschopf ganz im Gestus eines Bohemiens der Münchner Belle Époque. Es sind anachronistische Bilder, von denen viele ohne Auftrag entstehen und als bloße Empfehlungen eines Talents keinen Käufer finden. Gehalten sind sie als Bravourstücke im Stil der Münchner Malerfürsten der Jahrhundertwende. Es ist der Versuch, als konservativer Erfolgsmaler im Geiste Franz

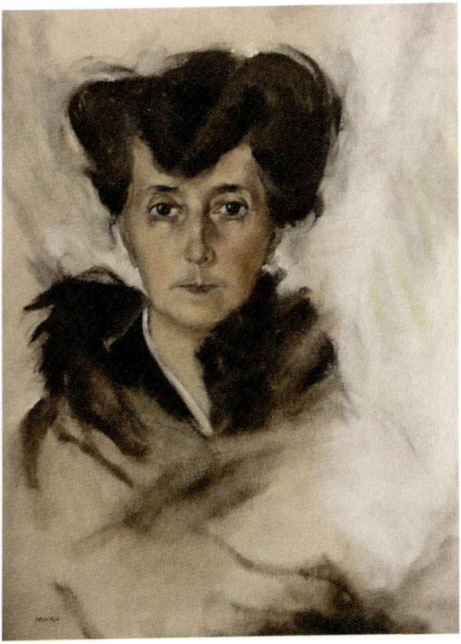

Marie-José, Herzogin in Bayern, 1922, Öl auf Leinwand, 65 × 53 cm

von Lenbachs auf die Bühne zu treten. Der Maler empfindet erneut die Gefahr, ins künstlerische Abseits zu geraten.

BEFREIUNG: DIE ZWEITE ITALIENREISE

Der Künstler lässt München endgültig hinter sich und reist im Laufe des Jahres 1922 erneut nach Rom: „[...] mir öffnete Italien die Augen über mein Wollen und über mein Können. Denn nirgends ist der Unterschied zwischen Kunst und Kitsch so offenbar wie in Italien. [...] Die alte Kunst ist alt. Und die alte Kunst ist oft neuer als die neue." Auch wenn Schad im Gefühl seiner künstlerischen Sendung und mit Gespür für sein Publikum später vorgeben wird, in „Italien nichts gelernt" zu haben, so sind für ihn neben den italienischen Meistern der Renaissance ebenso junge Zeitgenossen, Maler wie Ubaldo Oppi oder Antonio Donghi, als Vorbilder und Anreger sicherlich mittelbar wirksam gewesen. Freilich nennt er später Raffael, Sandro Botticelli, Vittore Carpaccio, Leonardo da Vinci beiläufig unter den Alten Meistern als jene, „die mich am meisten anzogen". In ihren berühmten Vorbildern, etwa der von Schad besonders geschätzten *La Fornarina* Raffaels, gründet seine Porträtkunst. Die „Schönheit" in der Linie wie im Kolorit sind Eigenwerte seiner ebenso suggestiven wie artifiziellen Bildwirkungen. Schad trainiert die an historischen Vorbildern geschulte Kunstfertigkeit als Mittel zur Erlangung der von ihm angestrebten

Marcella Arcangeli – verschwiegene Existenz

Um die Mitte des Jahres 1922 begegnet Schad in Rom seiner zukünftigen Ehefrau Marcella Arcangeli. Die genauen Umstände ihres Zusammentreffens sind unbekannt. Die damals 19-jährige Tochter des Chefarztes der Poliklinik der Sapienza, Uberto Arcangeli, entstammt einer angesehenen römischen Familie. Am 15. Januar 1923 heiratet das Paar im Dom zu Orvieto. Walter Serner beglückwünscht seinen Freund nicht ohne bittere Zwischentöne: „Ich beneide Sie darum, dass Sie, obwohl Sie ja mein Denken haben, wenigstens die allgemeine Konstitution besitzen, sich mit einer Ehe, die natürlich letzthin gewollt und gespielt ist, ein fiktives Leben zu konstruieren. Anders geht es ja nicht. Aber tun Sie es! Es ist doch besser, konstant Betäubungsmaterial (dazu gehören auch: Ehezwist, Kindersorgen, etc.) bei der Hand zu haben, als einsam in einer Café-Ecke zu hocken und an die Wand zu glotzen. Ich halte dieses leichter aus. Sie (gottseidank für Sie!) – jenes.“

Marcella Arcangeli im Café, im Hintergrund Carl Schad, um 1922/23

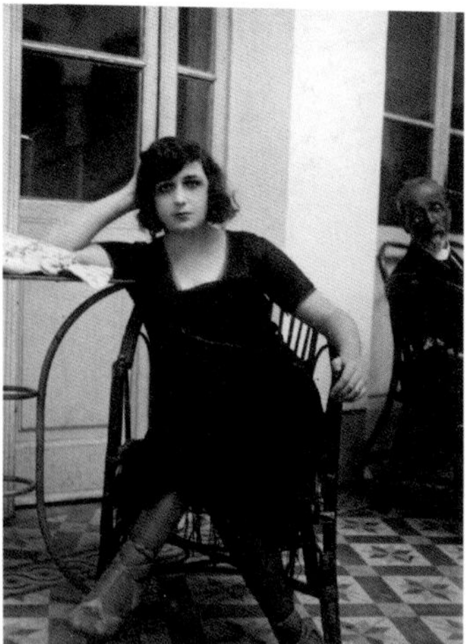

Nur wenige Jahre nach Kriegsende verbinden sich die beiden Familien ohne innere Neigung. Unter dem Firnis höflicher Konvention herrschen Zweifel und Vorurteil. Insbesondere Carl Schad bemüht sich, „als Deutscher“, das Gesicht zu wahren. Mit auskömmlichen Apanagen versehen, zieht das Ehepaar nach Neapel und bewohnt ein

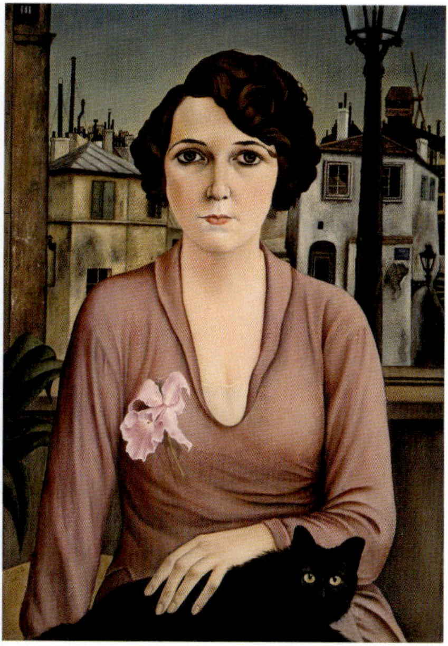

Marcella, 1926,
Öl auf Leinwand,
78 × 57 cm

großzügiges Apartment auf dem Vomero mit Blick über die Bucht und die Stadt.

1924 kommt der einzige Nachkomme Schads, sein Sohn Nikolaus, zur Welt. Der Künstler nimmt das familiäre wie das gesellschaftliche Umfeld jedoch bald als ihm feindlich gesonnen wahr. Von den Anforderungen der Ehe zeigt er sich zunehmend überfordert, sodass sich das Paar 1927 trennt. Marcellas Eltern fürchten vor allem den Skandal. Den deutschen Großeltern gelingt es, den geliebten Enkel nach München zu holen. Nikolaus wächst daraufhin bei Schads Schwester Margarethe auf.

Am 12. Juni 1931, es ist ihr 28. Geburtstag, verlässt Marcella allein die elterliche Wohnung und nimmt sich im Meer vor Ostia das Leben. Ihr Schicksal wird über Jahrzehnte verschwiegen. Am Ende steht in Schads „Bildlegenden" zum Bildnis *Marcella* ein lakonischer Kommentar des Künstlers: „[...] eine exzentrische Frau, was schließlich in Wien zu unsrer Trennung führte. Sie lebte dann in Rom, ich zog nach Berlin. 1931 ertrank sie beim Baden im Meer."

„Seelentiefe". Seine Hauptwerke entstehen jedoch in den wenigen Jahren zwischen 1926 und 1929 nicht in Italien, sondern in Wien und Berlin. Was diese in schneller Folge entstandenen Meisterwerke im Urteil der Nachwelt zu exemplarischen Werken ihrer Epoche werden lässt, ist neben aller gesuchter künstlerischen Finesse vor allem ihr schneidender Bezug zur Gegenwart. Schad benötigte die fordernde und überfordernde Lebenswelt der Metropolen, um aus der Anschauung der Kunst Italiens für sich das überzeitlich gültige Eigene herauszuarbeiten. In diesem Sinne dürfte Schads Verdikt zu verstehen sein, in Italien zwar reich beschenkt worden zu sein, bei allem aber nichts gelernt zu haben.

ERSTES NEUSACHLICHES GEMÄLDE UND DAS PAPSTBILDNIS

Die Ungebundenheit, die Schad mit Serner in Neapel ausgekostet hatte, hält nicht an. Der Maler heiratet und lebt bald als junger Familienvater mit seiner Frau Marcella, die er 1922 kennengelernt hat, und dem Sohn Nikolaus, der 1924 zur Welt kommt, in Rom. Doch auch hier ist der Künstler von den geringen Möglichkeiten, auszustellen und Käufer für seine Gemälde zu finden, bald enttäuscht. Von italienischen Malerkollegen und Künstlergruppen hält er sich fern. Im Sommer des folgenden Jahres soll daher bereits die Übersiedelung nach Wien erfolgen. In der dortigen konservativ gestimmten kulturellen Szene hofft Schad, auf größeren Zuspruch zu treffen.

Allerdings festigt sich sein klarer deskriptiver Stil noch in der italienischen Hauptstadt. Der Maler entwickelt dort jene stilisierte Klarheit im Ausdruck seiner Porträts, die seine Zeitgenossen als Härte und Kälte interpretieren werden. Er fokus-

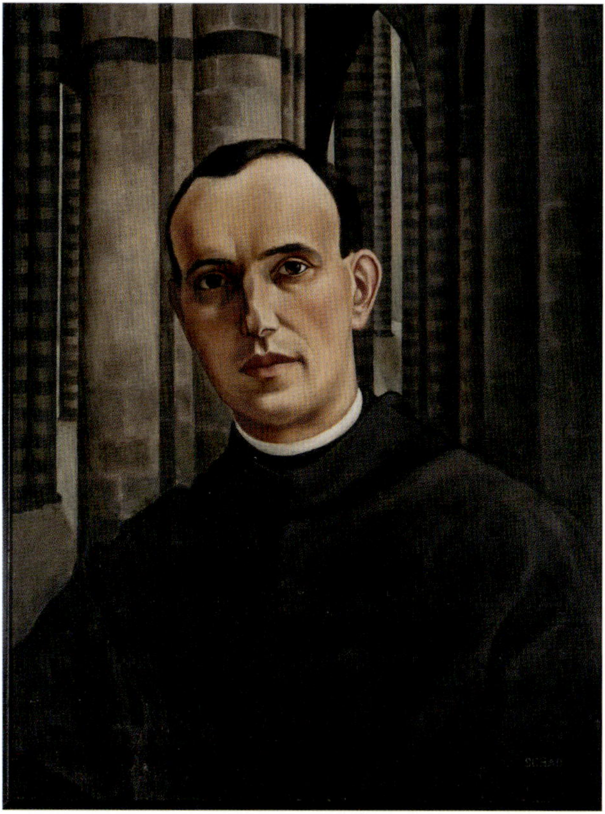

Pater Aquilinus, 1925, Öl auf Leinwand, 60,3 × 47,3 cm

siert nunmehr meist ganz auf die Einzelfigur. Es entsteht das erste Gemälde, dessen formale Merkmale wenig später mit dem Begriff der **Neuen Sachlichkeit*** in Verbindung gebracht werden. Das 1925 entstandene Bildnis zeigt den Franziskanerpater Aquilin Reichert. Schad malt ihn zum Dank für eine Gefälligkeit, und es bleibt als Geschenk bis zu dessen Tod im Besitz des Kirchenmannes. Später kauft Schad es von der Familie zurück: Es ist ein Dokument, eine Wegmarke seiner Entwicklung.

Pater Aquilinus ist in hervorgehobener Stellung als Kirchenrechtler an einem der drei päpstlichen Gerichte tätig. Schad hatte schon seit Längerem versucht, im Verein mit seinem Vater und über dessen Münchner Verbindungen Gelegenheit zu erlangen, den regierenden Papst Pius XI. zu malen. Vater und Sohn planen das Papstporträt als international ausgerichteten Coup zum heiligen Jahr 1925 und die Vermarktung desselben vermittels aufwendiger Druckgrafiken für ein konservativ eingestelltes Publikum.

Im Winter 1924/25 ist es so weit: Der gewesene Dadaist malt den Heiligen Vater. Schad gibt vor, das geplante Porträt als Geschenk für Kardinal von Faulhaber, den Münchner Erzbischof, anfertigen zu wollen. In Wahrheit ist der Vertrag zur Verwertung der Druckvorlage für aufwendige Reproduktionen schon unterschrieben. Das Porträt soll bald tausendfach Absatz für kirchliche Schulen und öffentliche Einrichtungen finden und seinen Maler berühmt machen. Carl Schad saß als Justiziar in der Geschäftsleitung der mit der Vermarktung betrauten Berliner Gesellschaft zur Verbreitung klassischer Kunst. Doch ist der Aktion trotz nachdrücklicher Bemühungen im In- und Ausland keinerlei Erfolg beschieden. Der Direktor der Gesellschaft, Reinhold Vietz, den Schad 1929 gleichfalls malen sollte, muss schon im August 1926 desillusioniert an den Vater melden, „dass auch das Bild ‚Papst' so gut wie gar nicht gekauft wird".

Zeit der Ernte – Wien

GROSSBÜRGERLICHE KÜNSTLEREXISTENZ?

Bald darauf wird nun die alte Kaiserstadt Wien zum neuen Lebensmittelpunkt der Familie. Schad lässt sich mit dem von Marcellas Eltern zur Verfügung gestellten Geld ein repräsentatives Atelier durch das Architektenduo Paul Fischel und Heinz Siller einrichten. Das Domizil entsteht in bester Lage im 1. Wiener Stadtbezirk, Am Graben 16. Die Familie etabliert einen standesgemäßen Haushalt, in kunstinteressierten Kreisen gilt Schad bald als aufstrebender, vielversprechender Künstler. Schon kurz nach der Ankunft wird der Wiener Willkommclub auf das junge Paar aufmerksam. Die vor Kurzem gegründete Organisation führt interessante Neuankömmlinge in die bessere Wiener Gesellschaft ein. Man kommt überein, am 2. März 1926 in Schads neuen Räumen eine Soirée mit einer Ausstellung seiner Bilder zu veranstalten. Das eben fertiggestellte Papstbildnis nimmt darin eine prominente und viel gelobte Stellung ein. Die Wiener Presse hebt vor allem die Bandbreite der Porträts hervor: „Hafenfratzen, freches feistes Gesindel, Dorftypen; [...]. Geiler Mund, lüsterne Nüstern, wohlig müde und doch giere Augen [...]. Dazwischen [...] Bildnisse anderer Frauen, intelligent, schön, zivilisiert [...].“ Das Porträt Papst Pius' XI. erscheint „völlig aus der Zeit gerückt, über sie erhoben“ und

> **Wien, das mir von je als die Stadt erschienen war, die den fruchtbarsten Boden für all das bietet, was das Leben eines Künstlers ausmacht, hat deshalb allein mich angezogen, als es mir galt meine Ernte heimzubringen.**
>
> Christian Schad in *Mein Lebensweg*, 1926

gelte „[...] mit Recht als Sehenswürdigkeit“. Die Besprechungen würdigen Schad als „Gewinn [...] für das hiesige Kunstleben“ und scheinen nun endlich den ersehnten Erfolg anzukündigen. Noch im selben Jahr gestaltet Schad ein mondänes Sommerfest für den Willkommclub im Wiener Prater, das auf große Resonanz stößt.

In Wien perfektioniert und ergänzt Schad seine Bestrebungen, öffentliche Wahrnehmung zu generieren, um ein weiteres Mittel: Er lanciert fortan Porträtgemälde als Titelbilder für die seit Mitte der 1920er-Jahre sprunghaft und in immer größerer Vielfalt neu erscheinenden Publikumszeitschriften und Magazine. Bald übernimmt der Maler auch Aufträge zur Wiedergabe bekannter und weniger bekannter schöner Frauen direkt aus den Redaktionen. Den Anfang macht 1926 die Münchner Zeitschrift *Jugend*. Bis in die 1940er-Jahre bestreitet der Künstler einen nicht unerheblichen Anteil seiner Einkünfte aus solchen Reproduktionshonoraren. Die Redakteure halten mit ihren Ansprüchen allerdings nicht hinter dem Berg. So antwortet die Illustrierte *Das Leben* auf eine von Schads Offerten: „[...] die Sachen sind durchweg sehr hübsch, wenn auch vielleicht etwas zu seriös für einen Magazintitel. Da wir nur mondäne Bilder gebrauchen können, kommt für unsere Zwecke nur das Bild, dessen Fotografie wir rückwärts mit einem blauen Kreuz versehen haben, in Frage [...].“ Dabei handelt es sich um das in Wien entstandene Gemälde *Baronesse Vera Wassilko* (1926). Die Redaktion der *Jugend* bittet in Bezug auf das von ihr beauftragte, heute verlorene Porträt der Baronin Hatvany: „[...] Es wäre uns sehr angenehm, wenn Sie sich im Format einigermassen an unser Zeitschriftenformat halten könnten, wobei eventuell zu überlegen wäre, ob man im oberen Teil einen neu-

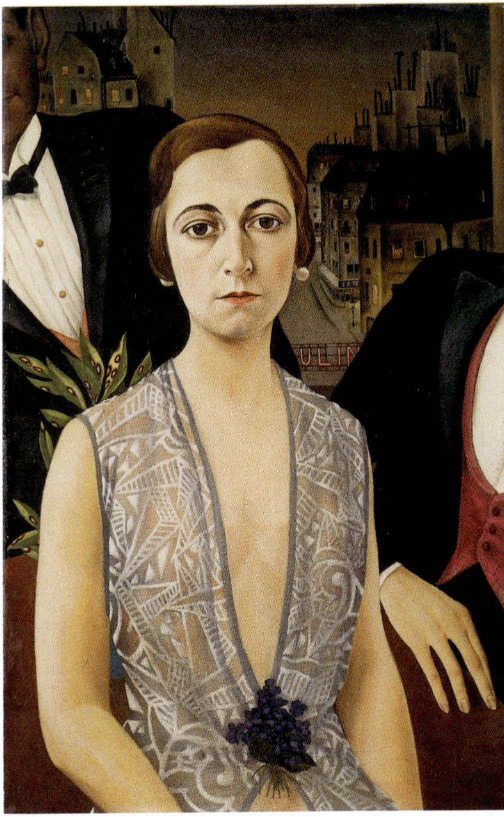

Baronesse Vera Wassilko, 1926, Öl auf Leinwand, 74 × 59 cm

tralen Hintergrund so weit fortführen könnte, dass die Schrift ‚Jugend' noch auf die Farbpalette selbst kommen könnte."

AUSSTELLUNGEN IN DER WIENER GALERIE WÜRTHLE

Ab dem 15. Januar 1927 sind Zeichnungen und Gemälde Christian Schads in der angesehenen Kunsthandlung Würthle & Sohn Nachf. in der Weihburggasse 9 zu sehen. Lea Bondi-Jaray, seit August 1926 Alleininhaberin der Galerie, verhilft dieser bald zum Renommee als erster Adresse für aktuelle Kunst und grafische Editionen. Es ist Schads große Chance. Hauptwerke,

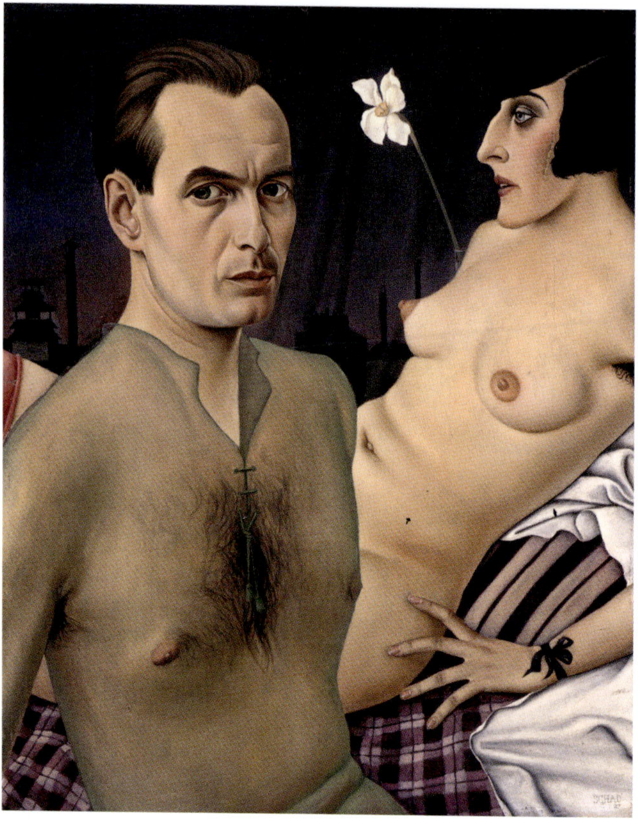

Selbstbildnis mit Modell, 1927, Öl auf Leinwand, 86,5 × 63 cm

Der Künstler-Protagonist erscheint in diesem bedeutenden Bildnis vom Schauplatz abgewandt, erhaben, als Dominante, die Frau als eine Art entpersonalisierter archaischer Typus. Der Körper des Mannes wird unter einem artifiziellen Schleier als Ziel und Erfüllung des sexuellen Begehrens der Frau präsentiert. Schad, der Otto Weinigers krude Geschlechterthesen schätzte, zeigt den Mann als Solitär, die Sphären des Männlichen und Weiblichen sind streng geschieden. Die Gesichtsnarbe der Frau symbolisiert den von ihr akzeptierten Besitzanspruch des Mannes.

wie das *Selbstbildnis mit Modell* (1927), waren noch nicht vollendet und daher mit den Vorzeichnungen in der Galerie vertreten. Das kleine Kataloggheft versieht der Künstler in bester Absicht mit einem eigenen Textbeitrag. „Mein Lebensweg" spart jedoch nicht mit Superlativen und missverständlichen Projektionen. Schad versucht darin, seinen Anspruch als einer der ersten Meister seiner Gegenwart zu begründen: „Noch heute weiß niemand, warum Raffael ein großer Maler war. Und doch wissen viele, daß er es war. Und noch heute weiß niemand, warum ich ein guter Maler bin. Ich hoffe aber, dass bald viele wissen werden, dass ich es bin."

Schads Egozentrismus wird anhand des umfänglichen Textes überdeutlich, und die Wiener Kunstkritik verzeiht diesen ideellen Höhenflug dem jungen deutschen Maler nicht. So bemerkt Robert Wacha im konservativen *Neuen Wiener Tagblatt*: „Im Geleitwort zum Bilderverzeichnis beschreibt er seinen Lebensweg und philosophiert sich dabei in selbstbewusste Überzeugungen hinein, die bei näherem Hinsehen ganz gut gefügt und herzlich offen, aber doch hierzulande sehr geeignet sind, zunächst Widerspruch und Kritik herauszufordern." Über Schads Kunst heißt es: „[...] Dann legte er sich ein Rezept einer gewissen ‚neuen Sachlichkeit' zurecht, mischte noch ein paar ateliertechnische Reminiszenzen einiger alter Italiener dazu und fand damit bei sich und wohl auch anderen Anklang." Der Autor lobt immerhin die zeichnerische Qualität wie das „Bestechende" der Malerei in ihrem „absolut Körperlichen", doch stellt er schließlich am Bildnis der Reichsgräfin Triangi gallig fest: „Das Bild der Riesendame ‚Triglion' wäre wohl besser unausgestellt, vielleicht sogar – ungemalt geblieben, denn es steht geschrieben: Vom Erhabenen zum Lächerlichen ist nur ein

Schritt, vom Grotesken zum Geschmacklosen meist überhaupt keine Distanz!“ Die übrigen Pressestimmen fallen kaum freundlicher aus.

„SELBSTLIEBE IM SEXUS“

Christian Schads heute berühmtes *Selbstbildnis mit Modell* (1927) entsteht am Ende seiner Wiener Zeit. Schon kurz nach Fertigstellung wird es durch Walter Serner als Ausdruck des „Narzissmus“ seines Schöpfers interpretiert. Auch der Künstler selbst spielt später mit diesem Effekt, etwa in seiner Selbstbiografie *Relative Realitäten. Erinnerungen um Walter Serner*. Schad inszeniert sich in dem Gemälde als Teil der Bildwelt seiner Figuren, als Involvierter eines „Milieus“. Den Blick auf den Betrachter geheftet, begegnet Schad als Wissender, als olympischer Beobachter. Der Künstler selbst spricht in diesem Zusammenhang von der „Selbstliebe im Sexus“ in der Situation des „Après“, fokussiert im Symbol der Narzisse. Die das Mädchen entstellende Gesichtsnarbe, ihr „sfregio“, ist eine Beobachtung, eine Reminiszenz an Schads Zeit in Neapel. Dort stehe die Verletzung, wie Schad sich später erinnert, für die Unterordnung unter den Mann, der eifersüchtig sein Terrain behaupte. Frauen hätten diese Narben als Zeugnis der übergroßen Liebe ihrer Männer mit Stolz zur Schau getragen.

Die Ausstellung bei Lea Bondi bleibt für den Künstler indes folgenlos, das Presseecho entmutigend: kein Verkauf, kein Auftrag, keine Anerkennung. Die Wiener Enttäuschung und Ehesorgen treiben Schad erneut fort. Während kürzerer Aufenthalte nimmt er Fühlung mit der neuen Weltmetropole Berlin auf. Walter Serner ist bereits da. Nun soll dort die entscheidende Etappe seines Lebens beginnen. Ehefrau und Kind lässt der

Maler in Wien zurück. Seine damalige Geliebte, die Journalistin Lola Plesz, die er 1928 porträtiert, widmet Schad zum Abschied aus Wien das bekannte, später häufiger publizierte, verspielt-frivole Billet: „[...] Ich gebe hiermit zu Nutz und Frommen Aller, / die es angehen kann, kund und zu wissen, dass / unser lieber Zeitgenosse, Herr CHRISTIAN SCHAD volle drei Wochen als Liebhaber in / meinen Diensten stand [...]. Mit bestem Gewissen kann ich ihn in dieser / Eigenschaft jeder empfehlen [...].“

DANDY UND WELTVERÄCHTER

Ende der 1920er-Jahre wird Christian Schad als ein das Leben in vollen Zügen genießender, ungebundener Mittdreißiger auf die damalige Weltmetropole Berlin treffen. Binnen weniger Jahre entstehen sämtliche seiner Hauptwerke, fast ausschließlich Porträts. Als Momentaufnahmen zeichnen sie seismografisch die Lebenslinien einer Epoche nach. Schad ist „à jour“ und zugleich weltabgewandt, mondän und im selben Moment ein in sich selbst versponnener Grenzgänger. Sein Interesse an Geheimwissenschaften und okkulten Riten, weder flüchtiger Spleen noch intellektuelle Pose, basiert auf intensivem Studium. Es findet über Jahrzehnte Ausdruck in Schads Schriften und seiner noch erhaltenen okkulten Bibliothek. Völkisches, rassistisches und antijudaistisches Gedankengut, verbrämt als philosophische Weltverbesserungsfantasien machen den Künstler empfänglich für die Ideologie des aufkommenden Nationalsozialismus. Geprägt von Erwähltheitsglauben und Elitismus begegnet Schad dem politischen Geschehen mit Verachtung. Bedenkenlos wird er nach 1933 darin seinen Weg und Vorteil verfolgen.

Weltschauplatz Berlin

GLAMOUR UND SUBKULTUR

Letztendlich ist es wieder Walter Serner, der Schad im neuen Umfeld den Weg ebnet. Der Freund sorgt dafür, dass der Künstler einen Auftrag des Berliner Steegemann Verlags erhält. Schad soll die Titelblätter der ersten Gesamtausgabe der Werke Walter Serners gestalten. Er liefert in der Folge sieben Bildentwürfe für Serners Kriminalromane und Halbweltgeschichten, Titel wie *Zum Blauen Affen, Der Pfiff um die Ecke* oder *Der elfte Finger*.

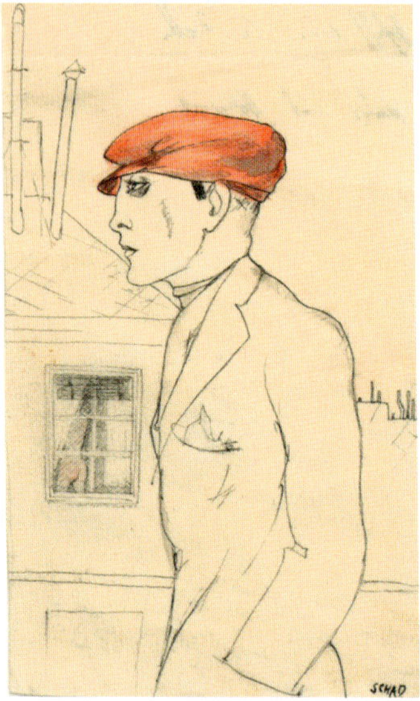

Pfiff um die Ecke, 1927, aquarellierte Tuschfeder auf Papier, 15,6 × 10 cm

Ein markantes Zeugnis des Übergangs bildet das in Wien begonnene, aber bereits erste Berliner Eindrücke verarbeitende Porträt *Graf St. Genois d'Anneaucourt* (1927), das wie die meisten Porträts des Künstlers ohne Auftrag entsteht. Nach dem Zusammenbruch der alten Ordnung spürt Schad den folgenlosen Eruptionen exaltierter Egos ebenso nach wie der Melancholie der geschminkten Figuren auf den Bühnen mondäner Nachtclubs und Varietés. Soziale Fragen werden ausgeblendet, Schad ist kein politischer **Verist***. Der Künstler erhebt den Anspruch, das Innerste des Menschen nach außen zu kehren. Was dabei aber sichtbar wird, ist der Mensch als Sphinx, unnahbar in labiler, prekärer Lage – isoliert. Diese Menschen sind verschlossen, jeder für sich bildet

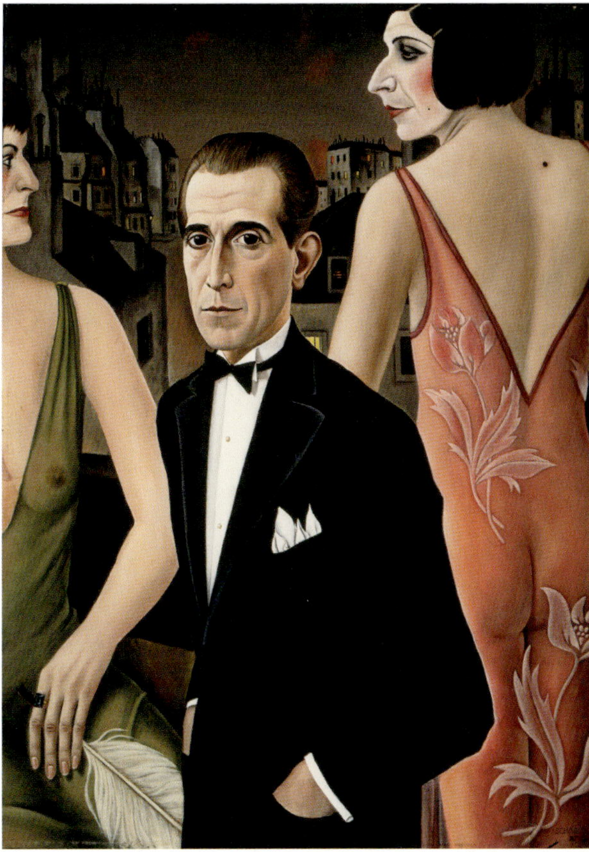

Graf St. Genois d'Anneaucourt, 1927, Öl auf Leinwand, 86,5 × 63 cm

Maler und Porträtierter kennen sich kaum, als dieses Porträt entsteht. Die genaueren Lebensumstände des Grafen interessieren den Künstler nicht. Der Porträtierte dient Schad vielmehr als eine Projektionsfläche, eine Art Kristallisationskern, um welchen der Maler eine provokante Szenerie entwirft. Darin arrangiert der Künstler Motive als Verweise auf Libertinage und Promiskuität der großstädtischen Hautevolee in einer Zeit krassester gesellschaftlicher Gegensätze.

[D]ie zwanziger Jahre [waren] so gesehen goldene, weil der Einzelne zu dieser Zeit noch offen seinen Bedürfnissen nachgehen konnte und auch nachging [...].

Christian Schad in *einem unveröffentlichten Manuskript*, um 1970

eine Insel im Getöse der Großstadt. Darin liegt die seinerzeit irritierende, heute faszinierende Modernität der in der zweiten Hälfte der 1920er-Jahre entstehenden Meisterwerke Christian Schads. Der Künstler bemerkt später dazu: „Man hat gesagt, dass die Menschen, die ich porträtiere, im Bild eine Klarheit – auch Härte oder Entschiedenheit des Ausdrucks – bekämen, die sie im Leben nicht haben. Wenn das stimmt, mag es daran liegen, dass mir nichts so unangenehm ist, wie das Unklare, Verschwommene. Ohne es zu wissen, versuche ich vielleicht, im Malen das ursprüngliche Gesicht, die durch das Leben überwucherte und verwaschene Kontur aufzufinden, sie vom Zufälligen zu befreien."

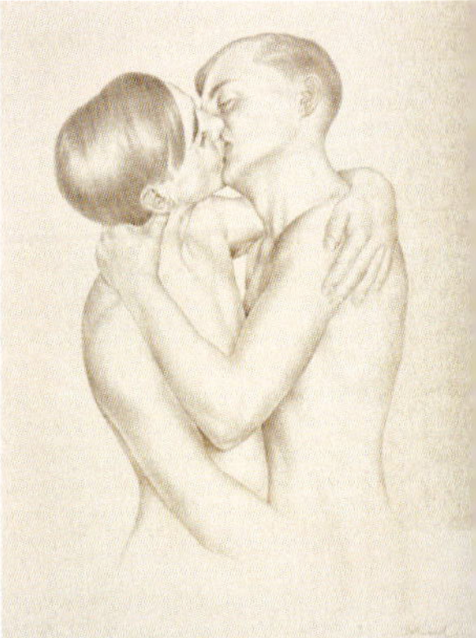

Liebende Knaben, 1929, Silberstift auf Papier, 30 × 23,5 cm

Schad wohnt und arbeitet zunächst in verschiedenen gemieteten Zimmern. Im April 1928 nimmt er dann festen Wohnsitz in einem großzügigen Atelier in der Berliner Hardenbergstraße 1. Seine Wohnung liegt am sogenannten Knie, dem Zusammentreffen von Bismarckstraße, Berliner Straße, Marchstraße und Charlottenburger Chaussee. Wenige Meter entfernt ist der Bahnhof Zoo, kaum weiter weg liegt die Hochschule der Bildenden Künste. Schad wählt ganz bewusst den eleganten Berliner Westen als neues Lebensum-

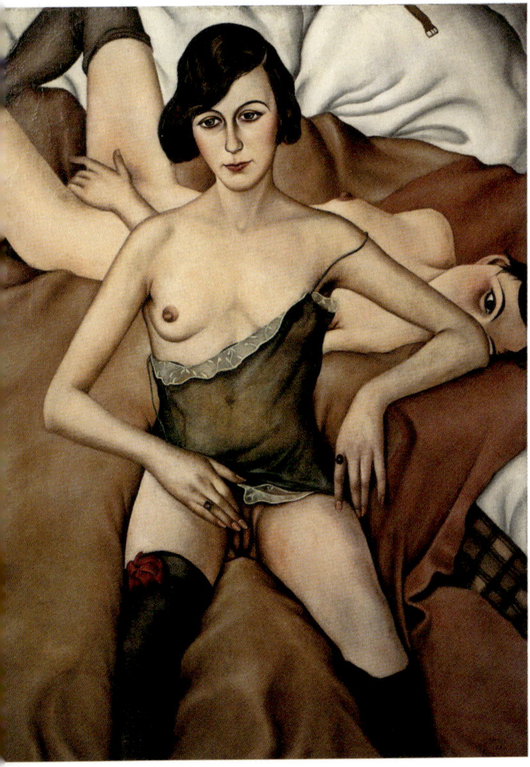

Zwei Mädchen (Freundinnen), 1928, Öl auf Leinwand, 109,5 × 80 cm

feld, er findet hier seinen eigenen Kiez, den er im Rückblick als „eine Art Retorte“ innerhalb der Metropole beschreibt. Am Abend wandelt sich das Viertel im Puls des Berliner Nachtlebens. Zwischen Bahnhof Bülowstraße im Osten und der Kaiser-Wilhelm-Gedächtniskirche westlich davon liegen die beliebtesten Treffpunkte lesbischer Frauen, zwischen Motzstraße im Süden und Ku'damm im Norden öffnen die bekanntesten Travestie-Clubs der Stadt. Es ist dieses von weiblicher und von männlicher Subkultur dominierte Milieu, das den Künstler fasziniert. Schad hält diese Atmosphäre in zahlreichen Zeichnungen fest. Sie tragen oft später ergänzte Titel wie *Konkurrentinnen* (1928) oder *Vor dem Hotel* (1928).

MAX OSBORNS MONOGRAFIE UND PRESSEECHO IN BERLIN

„St[eegemann] schrieb mir heute, daß M[ax] O[sborn] zugesagt hat. Na also! Ich freue mich sehr für Sie. Ihr Serner". Serner öffnet weitere Türen. Auf sein Betreiben widmet der vor 1933 viel beschäftigte Kritiker Max Osborn dem noch unbekannten jungen Maler eine erste eigene Monografie. Sie erscheint 1927 ebenfalls im Paul Steegemann Verlag. Die Publikation erregt einiges Aufsehen in den Gazetten und Zeitschriften. Unter anderem schreibt Karl Paetow im *Kunstwanderer* 1928: „Christian Schad [...], weltmännisch kultiviert, lebend und malend in Wien, [...]. Jede Staffage des Hintergrundes, jede scharfe Kante ist errechnetes Symbol. Klar, kühl und dazu mit Erotik geladen. [...] Vielleicht hätte er noch einiges mehr über das Verhältnis des Malers zu Dix sagen können, das Charakterbild Schads wäre dadurch noch etwas bereichert worden. Sonst wird man aber den Ausführungen Osborns gern beipflichten, zumal, wenn er gesteht, ‚dass hier eine Begabung ist, die noch ringt'. Das Buch ist ein interessanter Beitrag zur Kunstgeschichte der Gegenwart."

Von April bis Mai 1927 stellt Schad neben Kollegen wie Otto Dix, George Grosz, Franz Radziwill, Georg Schrimpf, Carlo Mense, Alexander Kanoldt, Werner Scholz, Karl Hubbuch und anderen in der heute berühmten Ausstellung *Die Neue Sachlichkeit* in Karl Nierendorfs Galerie aus. Er kann jedoch zunächst keinen Publikumserfolg verbuchen, da er im Unterschied zu seinen Kollegen dort nur mit einem Werk, dem Gemälde *Baronesse Vera Wassilko* (1926), vertreten ist. Er findet daher in dem bis heute häufig zitierten Katalogvorwort Franz Rohs wie auch in der Presseberichterstattung keine

Erwähnung. Gleichwohl leistet Karl Nierendorf ihm einen wertvollen Dienst. Er sendet Schads Gemälde an Oscar Laredo nach Würzburg. Dort sieht es der Schweizer Sammler Emil Bollag und erwirbt es. Es ist Schads erster bedeutender Gemäldeverkauf.

Kurz darauf stellt Schad noch ein weiteres Mal bei Karl Nierendorf aus. Es ist eine Gemeinschaftsausstellung mit dem damals ungleich bekannteren, heute weitgehend vergessenen Maler Ernst Honigberger. Das Presseecho zu dieser Ausstellung ist bereits im Vorfeld rege, doch stoßen Schads Bilder letztendlich auf Unverständnis. So urteilt das Berliner *8-Uhr-Abendblatt* über Schad: „Indessen beharren die Werke des Wieners Christian Schad in einer kühlen Atmosphäre sachlichen Intellekts [... die] Farbe ist nicht aus der Intuition geboren, sondern aus sorgfältiger Ueberlegung ‚hinzugefügt' [...]. Schad erzielt einige Male fraglos gute Wirkungen, vor allem da, wo er einfach bleibt, also mit dem Porträt Lea Bondis oder mit ‚Maria und Annunziata' [...]. Christian Schad sollte sein sehr großes Können vom Kopf in die Gegend des Herzens versetzen [...]."

Daß er spurlos verschollen ging, entspricht seiner Art.

Christian Schad über Walter Serner in *Zürich/Genf*: DADA, 1962

„Ein trauriges Kapitel ist die Kunst oder besser die Künstlichkeit des Wiener Malers Christian Schad", kritisiert die rechtskonservative *Neue Preußische Zeitung* und ergänzt: „Entspringen diese Bilder – zumeist Porträts – in ihrer überglatten, überscharfen Wiedergabe der Wirklichkeit, einem echten Gefühl für die Kunst? Uns stoßen sie ab, wenngleich die phänomenale Geschicklichkeit mit der jedes Detail durchgeführt ist, zu widerwilliger Anerkennung verführen möchte. Hier verdorrt das Prinzip der ‚neuen Sachlichkeit' zu Sterilität". Max Osborn, dem Künstler nach wie vor gewogen, lobt in der *Vossischen Zeitung* Schads „nicht alltägliche[s] Talent zur Menschenerfassung". Der Rezensent der Berliner Tageszeitung *Der Westen* stellt ebenfalls heraus: „Die wundervolle Klarheit dieser Gesichter entzückt schlichtweg", und lobt die „Lebendigkeit" der Bilder. In der *Deutschen Tageszeitung* wird Schad schließlich als „abstrakt kombinierender Mathematiker" charakterisiert; die „Gefühlskälte, die sich auch in einer vorsichtig dosierten Ironie ausspricht", verschwinde „hinter dem verblüffenden Realismus".

TRENNUNG OHNE WORTE – WALTER SERNER

Der Kontakt zwischen Schad und Serner bricht 1927 ab. Schon seit einiger Zeit war Serner als jüdischer Literat in der die NS-Presse attackiert worden. Er verlässt Berlin, lebt Mitte der 1930er-Jahre in der Schweiz, später in Prag. Dort wird Walter Serner 1942 mit seiner Frau Dorothea Herz verhaftet und nach Theresienstadt deportiert. Kurz nach ihrer Ankunft werden beide in einem Wald bei Riga von der SS ermordet. Schad versucht Mitte der 1950er-Jahre eher beiläufig etwas über das Schicksal Serners zu erfahren. Ohne Erfolg. In seiner Selbstbiografie stilisiert er ihn 1966 zum Dreh- und Angelpunkt seiner eigenen Rolle im Umfeld des Dada. 1980, während der Arbeit an der letzten Redaktion seiner Autobiografie, erhält Schad die schmerzvolle Nachricht von den Todesumständen seines ehemaligen Mentors, nimmt diese aber nicht in das Buch auf.

Christian Schad verfolgt stets unbeirrt das Ziel materiellen Erfolgs und gesellschaftlicher Anerkennung. Seit Beginn der 1930er-Jahre führen ihn Konzessionen an den Publikumsgeschmack zu einer mondänen, gefällig-modernen Porträtkunst. Nach 1933 unterwirft er sich den Forderungen der Diktatur. Serner, den intellektuellen Outlaw und lebenslang Exilierten, lässt der Erfolgsmaler zum Zeitpunkt dieser Entscheidungen hinter sich zurück.

DER KUNSTHÄNDLER WOLFGANG GURLITT

Aus der Geschäftsbeziehung mit Karl Nierendorf ergibt sich für Schad keine dauerhafte Vertretung durch den in progressiven Kreisen renommierten Galeristen. 1929 vermittelt dieser allerdings noch Schads Teilnahme an der heute ebenfalls legendären Ausstellung *Neue Sachlichkeit* im Stedelijk Museum in Amsterdam, in der sein Gemälde *Graf St. Genois d'Anneaucourt* (1927) zu sehen ist. Der Künstler vermag jedoch auch aus diesem überhastet organisierten Unternehmen keinen Vorteil zu ziehen.

Stattdessen zahlt sich Schads Strategie, Bilder für Illustriertentitel anzubieten, aus. Der versierte Kunsthändler Wolfgang Gurlitt wird auf ihn aufmerksam. Er hatte kurz zuvor das Titelbild der *Jugend* mit Schads Porträt *Vera Wassilko* gesehen und besucht den Maler nun in dessen Atelier. Gurlitt, Spross einer in der Kunstwelt weitverzweigten Familie, vertritt Schads Interessen ab März 1928. In der Vergangenheit hatte die bedeutende Galerie in der Behrenstraße bereits Künstlern wie Max Slevogt und Henri Matisse in Deutschland zu Rang und Namen verholfen. Nun erkennt Gurlitt in der Neuen Sachlichkeit eine Strömung mit Potenzial. Ab 1933 beschreitet der Kunsthänd-

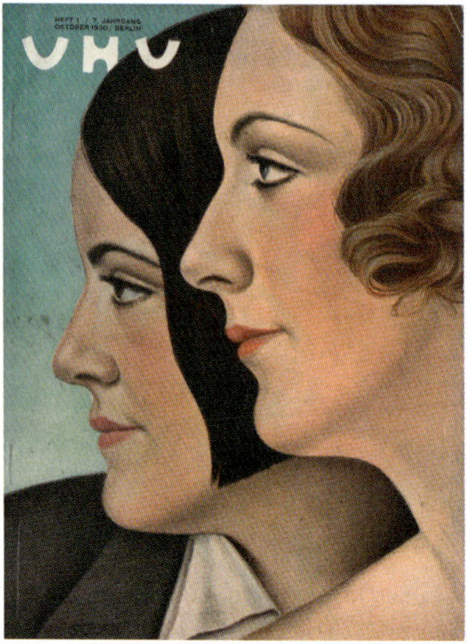

Christian Schads Gemälde *Freundinnen* als Titelbild der Zeitschrift *UHU*, Oktober 1930

ler nach diversen wirtschaftlichen Kapriolen einen dem NS-Staat dienstbaren Weg. In jenem Jahr endet auch die Zusammenarbeit mit dem Maler Christian Schad. Ihr Dissens entzündet sich aber nicht an politischen Fragen, sondern am Streit über ein Reproduktionshonorar. Schad hatte ein Bildnis Marlene Dietrichs gemalt, das sich zu Beginn der 1930er-Jahre im Bilderbestand Gurlitts befindet. Es sollte den Titel des Magazins *UHU* zieren, was aber aus unbekanntem Grund nicht geschah.

Die apartesten, gepflegtesten und auch die schönsten Frauen, die mir bei meinen wechselnden Aufenthalten in Europa begegneten, waren die Berlinerinnen. Christian Schad in „Bildlegenden" (Sonja), 1976/77

DIE NEUE FRAU UND DER RASENDE REPORTER KISCH

In der Reform- und Aufbruchszeit der Weimarer Republik ist die neue Stellung der Frau ein viel diskutiertes Thema. Schad steuert zu dieser modernen Sichtweise im heutigen Urteil vieler ein Werk bei, das gleichsam als Sinnbild jenes neuen Lebensgefühls Eingang in unser kollektives Gedächtnis gefunden hat. Im Gegensatz zu der dem Bild heute

Sonja (Albertine Herda),
1928, Öl auf Leinwand,
90 × 60 cm

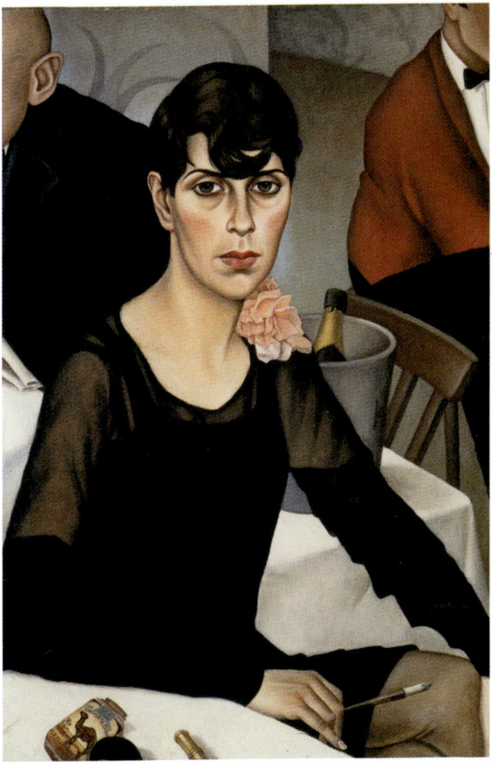

Dieses Bildnis führt eine junge Frau vor Augen, die auf sich selbst vertraut. Sie beansprucht für sich dieselben Rechte wie ein beliebiger nächtlicher männlicher Flaneur. Ihr Auftritt ist genau beobachtet: kurzes schwarzes Hängekleid mit Seidenstümpfen im aktuellen Look, Kurzhaarfrisur, amerikanische Zigaretten, Puderdose und Lippenstift auf dem Tisch. Schauplatz ist ein Lokal mit gehobenem Ambiente, die Situation jene eines tête-à-tête, der Champagner in Reichweite. Schad zeigt das Bild einer Frau, mit der man zu rechnen hat, deren Erscheinung die Modernität ihrer Lebenssituation und ihres Lebensgefühls widerspiegelt. Der distanzierte, kühl kalkulierende Blick ist auf ihren Begleiter gerichtet, in dessen Rolle sich der Betrachter versetzt sieht.

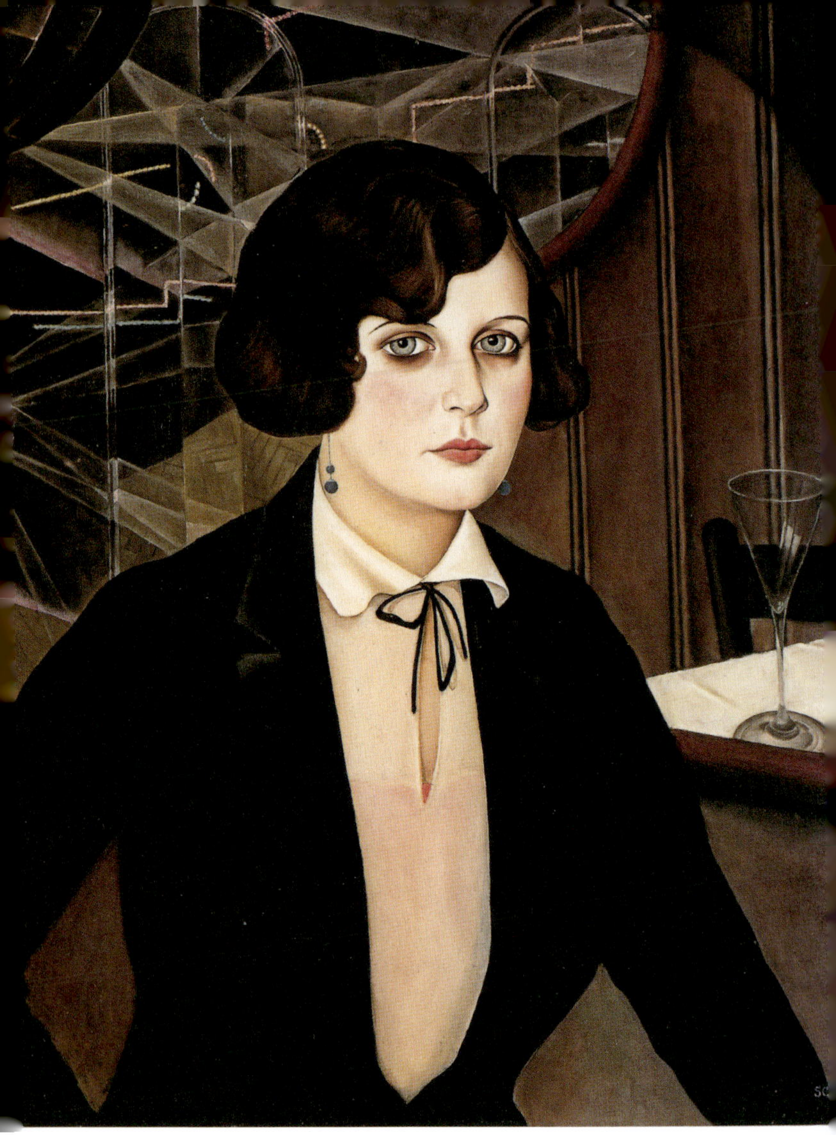

Lotte (Lotte Holz), 1928, Öl auf Holz, 66,2 × 54,5 cm

entgegengebrachten Wertschätzung bleibt das Porträt *Sonja* in seiner Entstehungszeit weitgehend unbeachtet und befindet sich Anfang der 1960er-Jahre, wie fast alle Hauptwerke der 1920er-Jahre, noch im Besitz des Künstlers.

Im Rückblick konstruiert der Maler eine Art Spannungsbogen zwischen den beiden 1928 entstandenen Frauenporträts *Lotte* und *Sonja*, jenem der „kleinen Modistin" Lotte Holz und der „‚andere[n]' Berlinerin", die sich in „etwas literarischer Atmosphäre" bewegte – gemeint ist die Sekretärin Albertine Herda, die ihm für *Sonja* Modell gestanden hatte: „Ich glaube, die beiden Pole, zwischen denen ich die Berlinerin – auf der Straße, im Café oder im Salon – damals sah, habe ich am besten in zwei Bildern wiedergegeben, die ich im ersten Jahr meines fünfzehnjährigen Aufenthaltes in der unvergleichlichen Stadt Berlin gemalt habe." In beiden Fällen interessieren Schad die eigentlichen Lebensumstände und Charakterbilder der Frauen nicht. Sie sind ihm lediglich Modelle für Rollenporträts. Ein unbestimmtes, je nach Standpunkt changierendes Eigenleben erhalten die Figuren erst durch die produktiven Projektionen des jeweiligen Betrachters. Der Künstler legt allerdings Fährten zur Interpretation mithilfe der von ihm gewählten Typisierungen und Kompositionselemente.

Lotte Holz stammte aus Leipzig und arbeitete in einem kleinen Geschäft in Schads Wohnhaus in der Augsburger Straße. Schad versetzt die für den Abend sorgfältig gekleidete und geschminkte junge Frau in eine Art Spiegelkabinett. Das sie umgebende irisierende Ambiente eines mondänen Nachtclubs erinnert entfernt an eine Geschäftsauslage mit pretiöser Ware im Mittelpunkt. Der Künstler setzt die Frau beziehungslos, bei-

Egon Erwin Kisch, 1928,
Öl auf Leinwand, 90 × 61 cm

nahe isoliert in Szene. Es ist eine Warteposition; Lotte mustert aufmerksam ihr (männliches) Gegenüber.

Zu den heute bekanntesten Bildern zählt Schads Porträt des Journalisten Egon Erwin Kisch. Der Künstler lernt ihn im Verlauf des Jahres 1928 im Romanischen Café kennen und schreibt später über ihn: „Es gab einmal einen ‚Rasenden Reporter'. Egon Erwin Kisch. Leider zu stark der Politik verschrieben. Aber: er war lebendig, gerade und versuchte, was durch allgemeine Schwerfälligkeit stets in Unordnung gerät, wieder in Ordnung zu bringen. Ein feiner Kerl [...]."

Das Gemälde ist vor 1933 häufig auf Ausstellungen unter anderem bei Gurlitt zu sehen. 1939 wird es in einem perfiden, gegen Kisch gerichteten Hetzartikel des *Völkischen Beobachters* von einem anonymen Kenner der Szene erwähnt. Schad formt nach dem Krieg daraus die Legende, er sei während der Diktatur in Deutschland selbst als Künstler Verfolgungen ausgesetzt gewesen und habe gar mit einer nächtlichen Abholung zu rechnen gehabt.

Christian Schad versetzt den weit gereisten Journalisten Egon Erwin Kisch nach Paris, den Eiffelturm im Hintergrund. Die Tätowierungen charakterisieren ihn als proletarischen „Antibürger", die provozierend gewählte Pose erweckt die Assoziation eines angriffslustigen intellektuellen Rowdys. Kisch war stolz auf seine Tätowierungen und hatte ihre Entstehungsgeschichte wenige Jahre zuvor in einem Artikel in der Revue des Monats in Text und Bild veröffentlicht.

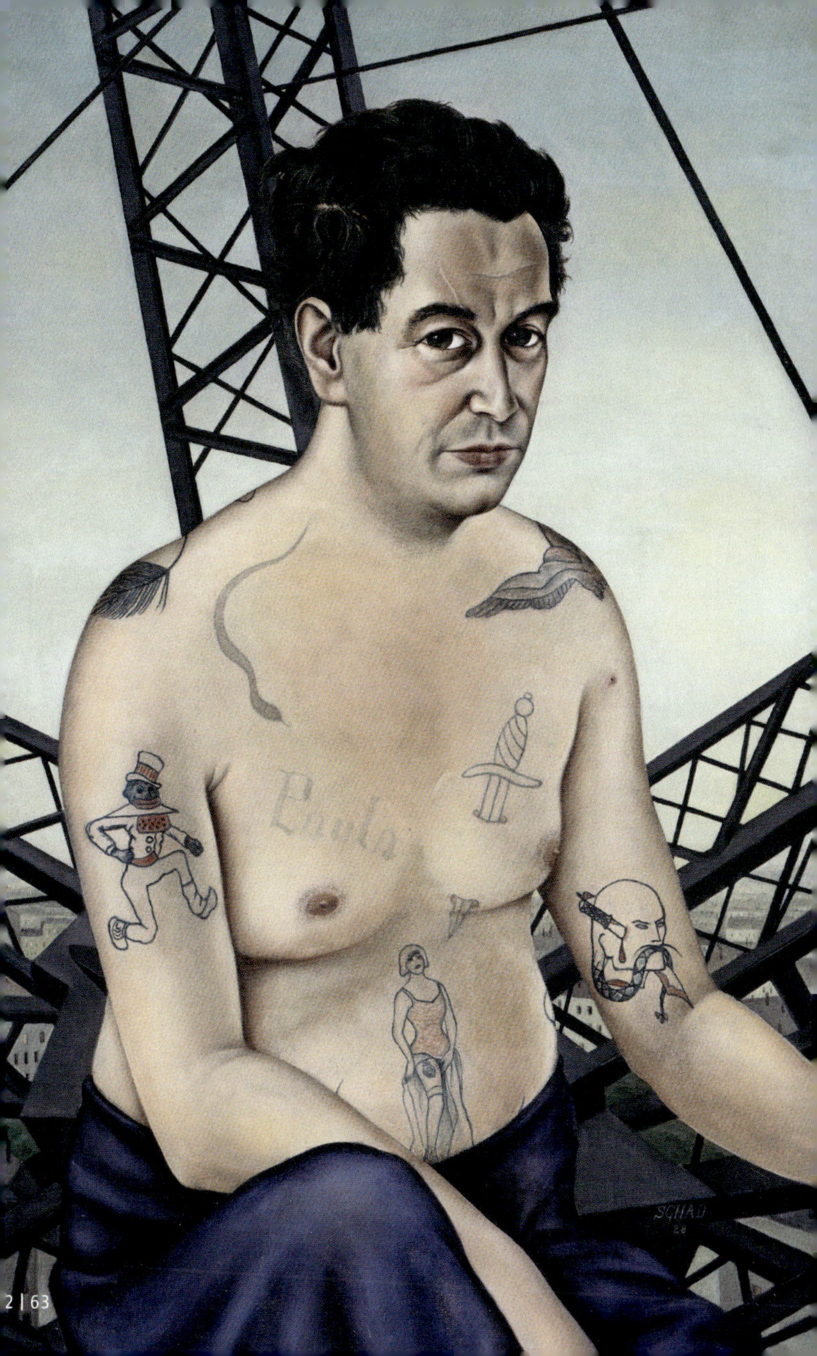

2 | 63

Entscheidungen in der Nazizeit

INNERE EMIGRATION?

Im Aschaffenburger Spruchkammerverfahren gibt der Künstler Christian Schad 1947 zu Protokoll, dass sein Vater ihn gedrängt habe, am 1. Mai 1933 der NSDAP beizutreten. Er erhielt die Mitgliedsnummer 2645200. Später spricht der Künstler von „idiotischen zwölf Jahre[n]“, in denen er kaum gearbeitet habe. In den von ihm selbst und seiner zweiten Frau Bettina immer wieder aufs Neue redigierten, allerdings kaum je erweiterten biografischen Entwürfen spricht man von einer „Zeit des Schweigens“; nichts sei „sonst zu vermelden“. Dies erweckt den Eindruck, dass die NS-Kulturfunktionäre von Beginn an auf Distanz zu dem Künstler gegangen seien. Schad nimmt später für sich in Anspruch, dass er sich konsequent in den geistigen Schutzraum „innerer Emigration“ zurückgezogen habe. Das Gegenteil ist der Fall. Die Quellen zeigen, dass der Künstler unbeirrt und mit wachsendem Erfolg an offiziellen Ausstellungen teilgenommen hat. In der *Ausstellung Berliner Kunst* findet 1935 Schads Bildnis *Magdalena* (1931) das Interesse ihres Schirmherrn: Joseph Goebbels lässt dem Künstler über den Ausstellungsleiter Bernhard Heyde ein lukratives Angebot unterbreiten. Seitdem gilt das Bildnis *Magdalena* als „verschollen“. Im Jahr 2001 taucht es wieder auf – in Berliner Privatbesitz.

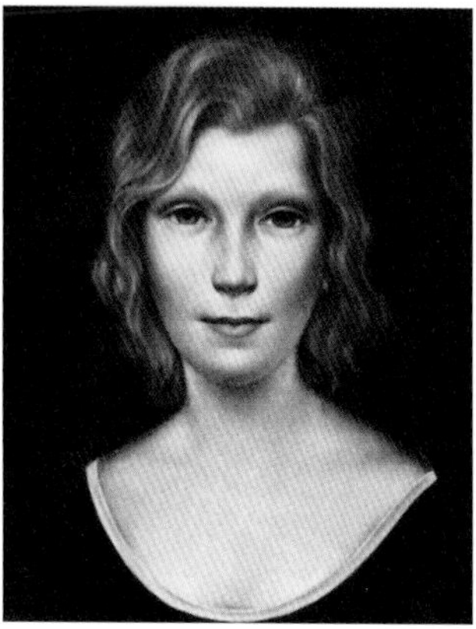

Magdalena, 1931, Öl auf Leinwand, 43 × 36 cm

Die Dinge um uns herum sind uns gegenüber neutral, nur unser Denken, unsere Einstellung dazu machen sie zu positiven oder negativen Polen, um die wir dann kreisen. Bei uns liegt es also, was wir tun wollen.

Christian Schad in seiner Rede zur Übergabe der *Stuppacher Madonna*, 1947

IM VEREIN BERLINER KÜNSTLER

1936 tritt Schad dem inzwischen fest in der Hand systemtreuer Funktionäre befindlichen **Verein Berliner Künstler*** bei. Vorstandsmitglied Hanns Bastanier heißt den neuen Kollegen willkommen und freut sich darauf, beider Verhältnis „auf die Kameradschaftlichkeit abzustellen, die für uns als Nationalsozialisten und nun auch noch Vereinsmitglieder wohl selbstverständlich ist". Er ist sich sicher, in Schad „einen Mitstreiter von hoher Qualität im Kampf um die Deutsche Kultur gefunden zu haben." Im Jahr darauf nimmt Schad in München an der ersten *Großen Deutschen Kunstausstellung* teil. Im Haus der Deutschen Kunst zeigt er seine *Pariser Stadtlandschaft*

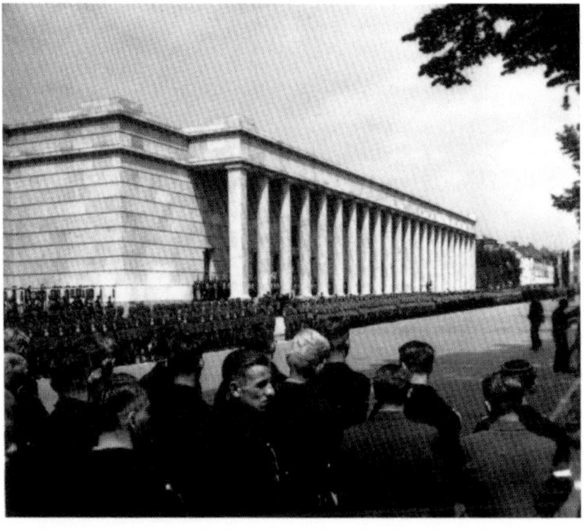

Haus der Deutschen Kunst in München am Eröffnungstag der *Großen Deutschen Kunstausstellung*, 18. Juli 1937

(1929) und das Gemälde *Isabella* (1934). Für die Folgeausstellung im Jahr 1938 bewirbt er sich entgegen eigener Aussagen erneut, wird aber von der von Adolf Hitler persönlich eingesetzten Jury abgelehnt.

Die Begeisterung des Künstlers für völkische und okkultistische Utopien machten Schad empfänglich für die durch die Naziideologie propagierten Ideen von „Größe" und „Rasse". Das in Aschaffenburg erhaltene Künstlerarchiv enthält nur wenige Spuren dieser Zeit. Vieles dürfte im Zuge der vom Künstler und seiner zweiten Ehefrau durchgeführten Redaktionen getilgt worden sein. Andererseits war Schad jedoch auch ein akribischer Sammler. So haben sich in der Masse der Schriftstücke Steuerunterlagen erhalten, die im Verlauf und bei Kriegsende ein nominell bemerkenswertes Vermögen aus den Erträgen künstlerischer Arbeit ausweisen. Dies zeichnet, neben der umfangreichen Produktion von Porträts, das Bild des kontinuierlich und durchaus erfolgreich arbeitenden „Volksgenossen" Christian Schad.

Während der Hitlerzeit gehörte ich zwar nicht zu den verbotenen Künstlern [Entartete Kunst*], **aber ich habe nicht viel gemalt; einige private Porträts, soweit ich Zeit hatte.** [...] **Natürlich hätte ich in die offizielle Nazi-Kunst einsteigen können. Aber das wollte ich nicht, denn dann muß man bei einem solchen Regime ganz mitmachen. Aber das kam für mich gar nicht in Frage.** Christian Schad, Interview vom 25.09.1978 mit Amine Haase anlässlich der Vorbereitung ihres Buches *Gespräche mit Künstlern*

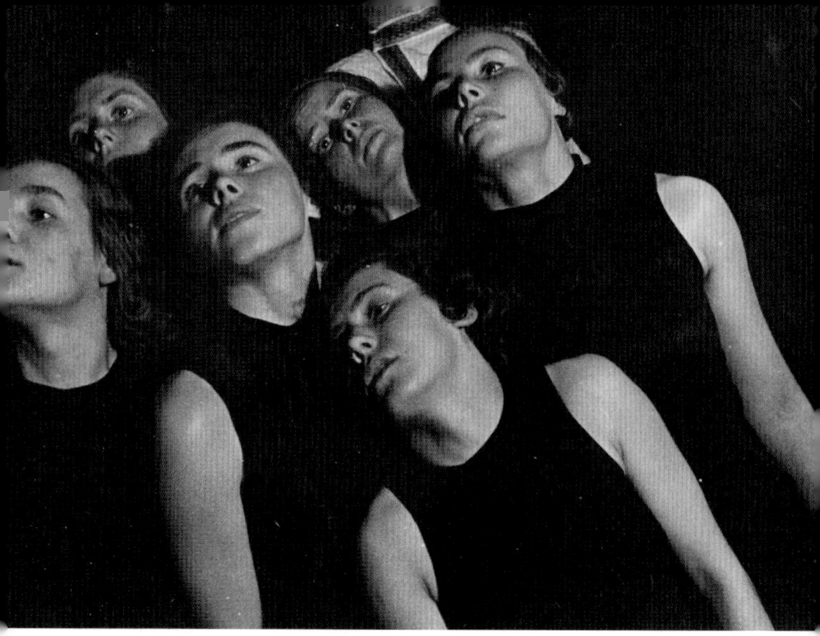

Probe in der Schule für modernen Tanz Jutta Klamt, Berlin, 1934/35

PUBLIZISTISCHE SEITENWEGE: FOTOGRAFIE

Vater Carl Schad unterstützt seinen Sohn jährlich mit 9000 Reichsmark, was damals in etwa dem doppelten Jahreseinkommen eines Beamten im gehobenen Dienst entspricht. Als der Ausfall verschiedener spekulativer Geldanlagen in Österreich und Italien ihn seit Mitte der 1930er-Jahre zunehmend in Geldsorgen stürzen, bringt er den Sohn als Geschäftsführer des Berliner Bierdepots der Aldersbach-Aretin-Werke unter. Schad senior ist an dem Unternehmen beteiligt und Vorsitzender des Aufsichtsrats. Dem Künstler wird Prokura erteilt, und er bezieht fortan ein Jahreseinkommen von 5200 Reichsmark nebst Dienstwohnung mit Atelierräumen in der Geisbergstraße 36 sowie Sekretärin und Dienstwagen. Über die ihm wesensfremde Beschäftigung ist er allerdings unglücklich. 1941, ein Jahr nach dem Tod seines Vaters, schreibt Schad an

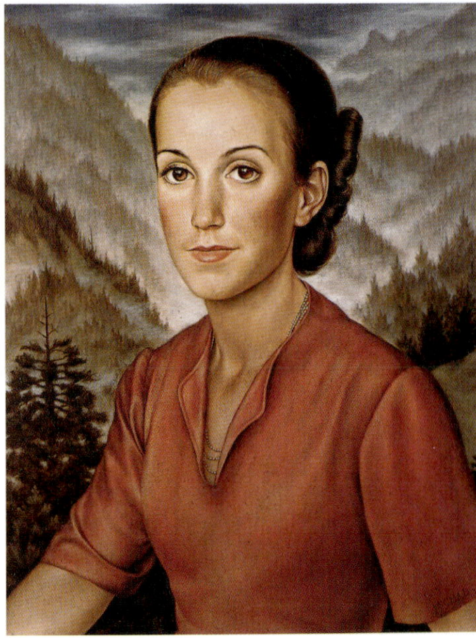

Isabella, 1934,
Öl auf Holz,
50 × 40 cm

seine Mutter: „Ich kann wohl sagen, dass ich mir nicht so leicht tue, wie Du es vermutest, besonders da ich für diese Art von Betätigung [...] nichts übrig habe. Wenn ich auch fast nie ein Wort darüber verliere, so ist es nur deshalb, weil mir das Jammern ekelhaft und sinnlos erscheint."

Schads Missbehagen bringt ihn bald auf einen alternativen Gedanken. Begünstigt durch seine zahlreichen Kontakte in die Redaktionen illustrierter Zeitschriften, möchte er dort nun neben seinen Porträtgemälden auch Reportage-Fotografien unterbringen. Er erwirbt Walther Heerings Buch *Mit seinen Fotos Geld verdienen* und stellt sich eine komplette Leica-Kameraausstattung zusammen. Da nach Gründung der Reichskulturkammer Juden aus dem Pressewesen wie aus künstlerischen und freien Berufen verdrängt werden, öffnen sich profitable Lücken, in die viele nachrücken können und wollen. Um

Was die Leica vor jeder anderen Kamera auszeichnet? Dasselbe, was ein Maschinengewehr von einem Karabiner auszeichnet! Walther Heering in der Zeitschrift *Der Arbeiter-Fotograf*, 1929

die Jahreswende 1934/35 erstellt Schad rund 1000 Aufnahmen. Doch gelingt es ihm auf Dauer nicht, in dem Metier Fuß zu fassen. Vielmehr nutzt er das Medium bald unter künstlerisch-experimentellem Aspekt und verwendet zahlreiche Motive der kurzen Fotokampagne später für andere Zwecke, etwa als Motive oder Ausgangspunkte für die Wiederauflage der Schadographie. Ein Anlaufpunkt während seiner Berliner Streifzüge als Fotograf ist die Schule für modernen Tanz Jutta Klamt in Berlin-Halensee. Hier fertigt Schad eine Fotoserie der Schülerinnen bei ihren Proben an. Klamt war wie Schad 1933 der NSDAP beigetreten. Ihr Buch *Vom Erleben zum Gestalten. Die Entfaltung schöpferischer Kräfte im Deutschen Menschen* (1936) ist Ausdruck ihrer schwärmerisch-esoterischen Auffassung von „Gottverbundenheit" im künstlerischen Tanz, aus der nach ihrer Überzeugung der neue deutsche Mensch erwachsen sollte.

ERFOLGE MIT DEM BILDNIS ISABELLA

Nach der Ablehnung Schads durch die Jury der *Großen Deutschen Kunstausstellung* im Jahr 1938 ist dem Maler ein direkter Zugang zu offizieller Anerkennung zunächst verwehrt. Dennoch wird sein Bildnis *Isabella* (1934), das er im Jahr zuvor in München gezeigt hatte, in Presse und Öffentlichkeit mit Beifall aufgenommen und findet auch bald einen Käufer. In der *Deutschen Frauen-Zeitung* illustriert das Porträt der Berliner

Die Schauspielerin Bettina Mittelstädt

Im April 1942 trifft Christian Schad in einem vegetarischen Restaurant in Berlin die Schauspielschülerin Bettina Mittelstädt. Der Maler ist auf der Suche nach einem Modell. Die junge Frau willigt ein, und am folgenden Sonntag fertigt der Künstler erste Zeichnungen und Fotoaufnahmen von ihr an. Das Porträt Bettinas ziert schon im November den Titel der Frauenzeitschrift *Silberspiegel*. Es zeigt die junge Frau vor der Valepp-Landschaft und markiert den Beginn einer symbiotischen Beziehung. In einem Interview in der Aschaffenburger Tageszeitung *Main-Echo* erinnert sie sich im Jahr 2001 an die gemeinsame Zeit: „Das Leben mit ihm und für ihn war und ist mein Lebensinhalt. Es war ein Genuss, mit ihm zu leben […].“

Schad lebt inzwischen in einem Häuschen mit großem Garten in Lichterfelde und arbeitet tagsüber in seinem Atelier in der Geisbergstraße. Bettina Mittelstädt notiert in ihr Tagebuch: „Um 5 bei Schad, er arbeitet bis 7 ½ an einer Bleistiftzeichnung von mir, dann gehen wir gemeinsam Essen, um 8 in der Kantstraße im Kino ‚Glückskinder‘. […] 1/4 Stunde zu spät bei Schad. Er arbeitet nur bis 8, dann fahren wir nach Lichterfelde Ost in sein Häuschen. Es ist alles seltsam und anders als ich glaubte. Es wird ziemlich ernst, glaube ich. Um 1 Uhr bin ich endlich zu Hause.“

Porträtfotografie von Bettina Mittelstädt für die TOBIS-Filmgesellschaft, Fotografie: Nele Harlan, Berlin, 1939/40

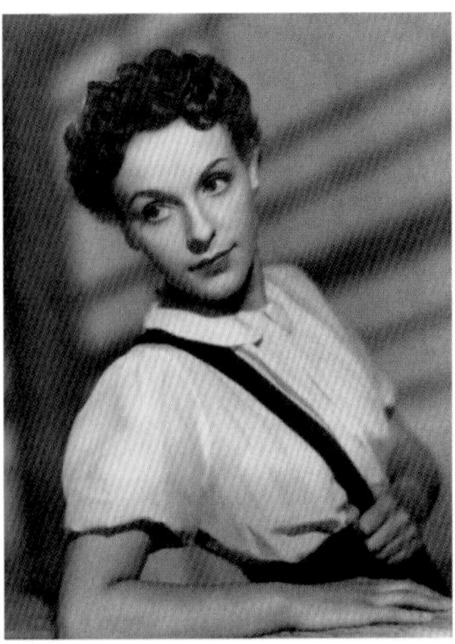

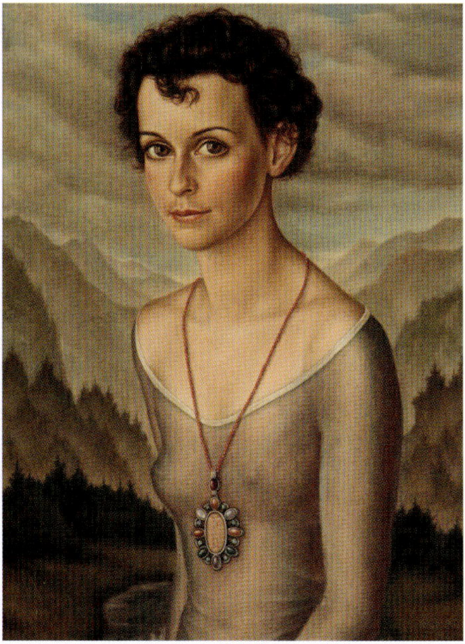

Bettina, 1942, Öl auf Leinwand, 55 × 41 cm

Als Schad Ende 1942 für mehrere Monate in das noch sichere Aschaffenburg reist, um dort einen Porträtauftrag auszuführen, kümmert sich Bettina um sein Atelier in Berlin, versorgt ihn mit Malutensilien, ordnet Bilder für Ausstellungen, hält Kontakte und erledigt neben Proben und ersten Rollen zahlreiche Aufgaben. Nachdem sein Atelier im Krieg beschädigt wurde, organisiert sie mutig den Umzug nach Bayern. Schad schreibt ihr: „Leider kann ich Dir jetzt so wenig helfen [...], aber es gehört immer alles dazu und Du hast bis jetzt das Dir Entgegengetretene gut durchgehalten und erledigt, sodass ich glaube, es wird auch nun geschehen. Behalte im Herzen, den Abstand von allem zu bewahren, damit Du die Übersicht nicht verlierst. Und: identifiziere Dich nicht mit den Dingen und Menschen. [...] Was man über Berlin hört, ist schlimm." Nur dem beherzten Einsatz Bettina Mittelstädts ist es zu danken, dass die im Atelier des Künstlers gelagerten Werke im Bombenkrieg erhalten bleiben. Schad selbst kümmert sich wenig um sie, denn seine okkulte Bibliothek war „ihm wichtiger als seine Bilder", wie seine Frau 1990 schreibt.

Gastwirtstochter aus dem Hermesweg einen Artikel über das neu erbaute Haus der Deutschen Kunst. Im Oktober 1937 erscheint es dort als exemplarischer Ausdruck zeitgemäßen Kunstwollens unter anderem neben einem *Studienkopf* des Nazivorzeigekünstlers Adolf Ziegler. Dieser gehört zu dessen gefeierten Triptychon *Die Vier Elemente* (1937), das den Münchner „Führerbau" ziert. Auch der Deutsche Verlag druckt das „Frauenbildnis, das in München ausgestellt war" als Titel der Zeitschrift *Die Dame* für ein Honorar von RM 200 ab. Für 1 000 Reichsmark erwirbt es schließlich 1941 der Sammler und Geschäftsmann Bernhard Toppenthal, Inhaber der von den Brüdern Hugo und John Sternheimer gegründeten, 1935 „arisierten" Türkischen Tabak- und Cigarettenfabrik Jyldis in Saarlouis.

Isabella bleibt bis zu Schads eigentlicher Entdeckung als Dadaist und neusachlicher Maler gegen Ende der 1970er-Jahre das erfolgreichste Werk des Künstlers. 1943 erscheint es als Titelbild und Frontispiz der Publikation *Das Spiegelbild. Ein Buch der Mädchen.* Herausgegeben von Margit Petermann, vermittelt das Buch das nationalsozialistische Frauenbild an die deutsche Jugend. Ina Seidel, Dichterin auf Hitlers Gottbegnadetenliste, weist darin in ihrem Beitrag „Frau und Wort" die Richtung: „[...] und folgerichtig müssen wir annehmen, daß die der Frau angeborene natürliche Haltung die des Lauschens, des Zuhören-Könnens ist. Dies entspricht im weitesten Sinne der Bereitschaft zur Hingabe, in der die Frau die Empfangende ist und sich erschließt, um einen Lebenskeim in sich aufzunehmen und auszutragen." Unter den illustrierenden Bildbeigaben findet sich neben altdeutschen Meistern auch Goebbels Favoritin, Schads Idealporträt *Magdalena* wieder.

Kriegsende: Ringen um Anschluss

WECHSEL NACH ASCHAFFENBURG

Im Verlauf des Jahres 1942 wird im weit von Berlin entfernten, noch unzerstörten Aschaffenburg ein Herr der besseren Gesellschaft auf den Berliner Maler Christian Schad aufmerksam. Joseph Waldemar Kurt Freiherr Gorup von Besánez betrachtet dessen Porträt der gefeierten Filmschauspielerin und Ehefrau der Regisseurs Veit Harlan Kristina Söderbaum in der Zeitschrift *Silberspiegel*. Er fragt bei dem Künstler an, ob er von ihm etwas Ähnliches erwerben könne. Etwas später reift der Gedanke, dass der Maler doch das Bildnis der Ehefrau des Barons, Ellen Ruth, malen und dazu an den bayerischen Untermain reisen könnte. Man wird sich einig, und im Oktober plant Schad anlässlich einer Reise in die Valepp den Zwischenstopp in Aschaffenburg ein. In der kleinen Stadt spricht sich die Ankunft des Berliner Malers rasch herum, und bald folgen Aufträge aus den begüterten Familien: „Es ist schon viel angenehmer in einer kleinen Stadt zu leben, besonders in der jetzigen Zeit. Vielleicht machst Du das auch bald. In Deutschland ist es auch gerade umgekehrt, wie in Frankreich. Hier wird Kultur in der Provinz gemacht, dort in Paris und die Provinz hat kaum etwas zu sagen. Berlin ist kein produktives Pflaster: Sand, Sand! Ich arbeite hier leicht und unbeschwert, was in Berlin nicht so einfach ist."

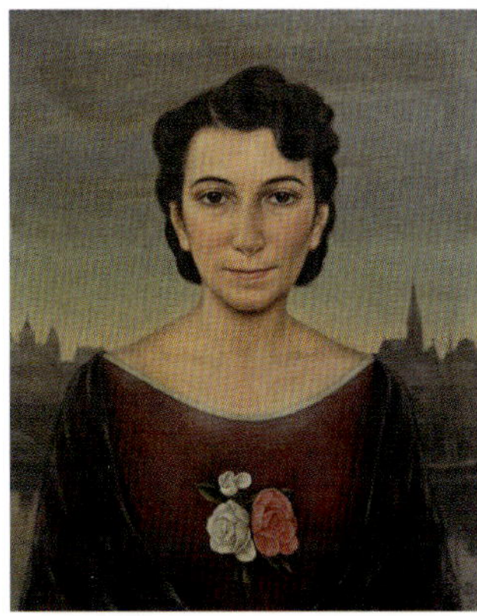

Ellen Ruth Freifrau Gorup von Besánez, 1942, Öl auf Leinwand, 55,2 × 46,2 cm

KOPIE DER STUPPACHER MADONNA

Im Rückblick hat Schad diesen Wechsel von Berlin nach Aschaffenburg im Jahr 1942 zu einer „Flucht“ vor den Nachstellungen des Unrechtssystems in die für ihn konfliktfreie deutsche Provinz stilisiert. Tatsächlich sind die Umstände jedoch geprägt vom großen Interesse, das ihm in Aschaffenburg gerade von offizieller Seite entgegengebracht wird. So beauftragt ihn Oberbürgermeister Wilhelm Wohlgemuth, NSDAP-Kreisleiter und SS-Obersturmbannführer, kurz nach seiner Ankunft, eine Kopie nach Matthias Grünewalds berühmter *Stuppacher Madonna* anzufertigen. Das große Tafelgemälde befand sich ursprünglich in der Maria-Schnee-Kapelle der Aschaffenburger Stiftskirche und soll nun zumindest als Kopie für die Stadt zurückgewonnen werden. Der Meister des 16. Jahrhunderts zählt zu den in der Nazizeit glorifizierten Vorläufern deutscher Kunst. Der Dramatiker Julius Maria Becker formuliert in einem von Wohlgemuth beauftragten Bildband: „Was wir nämlich heute aus Grünewald lesen, ist das [...] aufs neue beseligende und erlösende Mirakel seiner völkischen Unzerstörbarkeit, seines unbesiegbaren Willens zur gänzlichen Regeneration, zum Lebenstrotz, zur sieghaften Daseinsbejahung.“

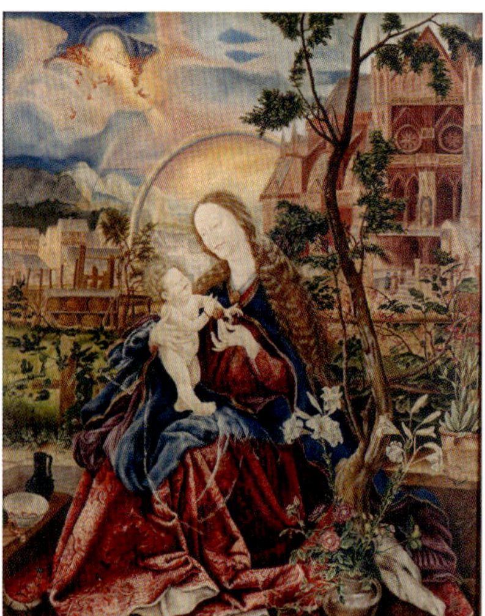

Stuppacher Madonna nach Matthias Grünewald, 1943–47, Mischtechnik auf Holz, 184 × 149 cm

Schad fertigt in der Pfarrkirche des nahe gelegenen Städtchens Stuppach zahlreiche Studien an. Mit Unterstützung des an der Berliner Akademie lehrenden Professors Kurt Wehlte, im Nebenberuf „Spezialsachverständiger" für Himmlers „Ahnenerbe", untersucht er die alte Malweise und Farbherstellung. Mit einer Vergütung von insgesamt 12 000 Reichsmark bietet sich Schad der erste öffentliche und zudem überaus lukrative Auftrag. Der Künstler weiß, dass die Kommune vor Auftragsvergabe seinen Leumund prüfen wird. Für ihn, wie er seiner Partnerin nach Berlin schreibt, „eine mehr formale Sache". Die Reichskulturkammer berichtet 1943 auch direkt an die Verwaltungsspitze: „Die Leistung des Schad wird als gut beurteilt. Sein Abstammungsnachweis ist erbracht. Er ist Pg. [Parteigenosse] seit 1933."

Im Spruchkammerverfahren gibt Schad 1947 später allerdings vor, dass er aufgrund seiner widerständigen Haltung bereits 1942 aus der NSDAP ausgeschlossen worden sei. Die Überprüfung seiner Linientreue durch die NS-Behörden, die seiner eigenen Darstellung widerspricht, liegt Schads Personalakte bis heute bei. Dort finden sich auch Hinweise, dass der Künstler „zur Durchführung von künstlerischen Aufgaben im Rahmen der kulturpolitischen Pläne der Stadt Aschaffenburg" eingesetzt werden sollte. Diese Sachverhalte fanden im Verfahren der Spruchkammer keine Berücksichtigung. Vielmehr gehörte der Künstler einem Netzwerk Involvierter an, das sich am Ende gegenseitig reinwusch. So schreibt der Alternativmediziner und bekannte „Atemheiler" Dr. Johannes Ludwig Schmitt, den Schad seit 1936 kannte, in seiner eidesstattlichen Erklärung von 1947 über den Künstler: „Als religiöser Mensch litt er fortgesetzt an heftigen inneren Konflikten mit Zeit und Umwelt, die damals immer nazistischer wurde. Er war in Wort und Handlung reiner Anti-Nazi." Letztendlich entledigt sich der Künstler „als Mitläufer" des Vergangenen mit einer Sühneleistung von 685,30 Reichsmark.

NEUANFANG, ZUSAMMENBRUCH UND DIE KRAFT HÖHERER MÄCHTE

Bettina Mittelstädt und Christian Schad heiraten 1947 in Aschaffenburg, wo Schad seit Ende 1942 lebt. In den ersten Jahren führen beide gemeinsam öffentliche Restaurierungsaufträge aus. Es ist eine Zeit des Kräfte und Zeit verschlingenden Broterwerbs. Der Maler verdingt sich als Theaterkritiker und freier Kulturredakteur bei der örtlichen Tagespresse. 1948 trifft ihn die Währungsreform wie alle Besitzer von Sparguthaben hart, und das Paar durchlebt Jahre des Mangels wie die Mehrheit der deutschen Bevölkerung. Im Februar 1950 erleidet Schad einen Nervenzusammenbruch aufgrund körperlicher Überanstrengung sowie durch das Gefühl der Entfremdung in einer ihn allseits bedrängenden Lage. Er wird in der Münchner Klinik von Johannes Ludwig Schmitt, seinem wichtigen Fürsprecher während der „Entnazifizierung", behandelt.

Die kritische Beurteilung der Bilder ist nicht meine Sache. Ein vollsaftiger, zupackender Outsider, ein ganzer Kerl von elementarer, triebhafter Kraft steht dahinter. Karl Nierendorf im Katalogvorwort zur Ausstellung der Werke Aleister Crowleys, 1931

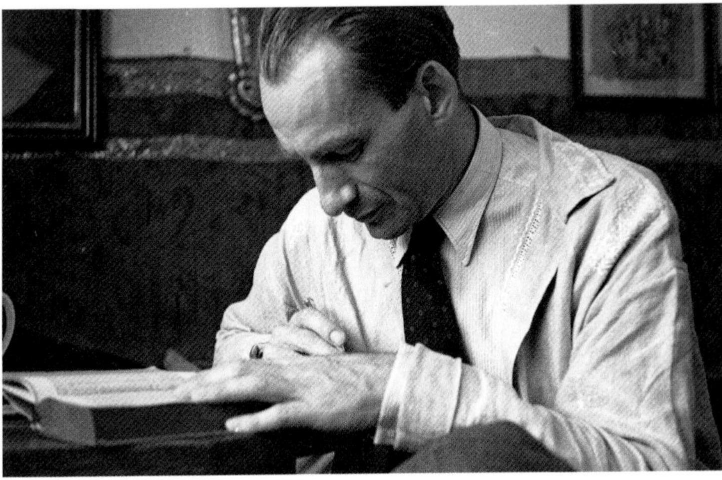

Christian Schad lesend in seinem Berliner Atelier, um 1935/36

In der Nazizeit gehörten Prominente aus Kultur, Politik und Wirtschaft zu Schmitts Patienten. Als Therapeut wie als Ratgeber in Ernährungs- und Gesundheitsfragen etablierte sich der Alternativmediziner in den völkisch-esoterisch gesinnten Kreisen innerhalb der NSDAP. Nach dem Krieg wird die Beziehung der beiden Männer durch ihr gemeinsames Interesse an okkulten Ideen intensiviert. Schad besitzt zahlreiche Schriften des „Atemheilers".

Im gleichen Jahr schreibt der Künstler an den Okkultisten und späteren Oberbürgermeister von Hildesheim Friedrich Lekve: „Also kurz gesagt: ich glaube, daß die Zeit reif wäre, endlich einmal eine okkulte Bilder- und Grafik-Ausstellung zusammenzustellen und diese in verschiedenen größeren Städten zu zeigen. Nun verstehe ich unter ‚okkulter Ausstellung' nicht etwa illustrative Arbeiten irgendwelcher okkulter (beschriebener) Phänomene, sondern aus dem Selbsterleben heraus entstandene Arbeiten. Ich habe bis jetzt eine einzige solche gesehen, und zwar in Berlin im Jahre 1931. Es war eine Kollektiv-

Ausstellung von Aleister Crowley. Es müssten also kräftige Sachen sein ohne Rücksicht auf Epigonen- und Bürgertum [...]."

Schad, ein Kind der Lebensreform, geprägt unter anderem von den Ideen Rudolf Steiners, fasziniert von Vegetarismus, der ostasiatischen Philosophie und Yoga, setzt sich spätestens seit den frühen 1930er-Jahren intensiv mit der Theosophie auseinander. Er studiert die Lehren der Okkultistin Helena Petrovna Blavatskys sowie die Arier-Theorien Anni Besants und zahlreicher anderer, teils rassistischer und antisemitischer Autoren. Die Anhänger der Theosophie verstehen diese als geoffenbarte Wahrheit, eine Art „Essenz" aller Weltreligionen. Wesentlich ist der Gedanke einer Verschmelzung von Religion und Wissenschaft mit dem zentralen Element des für Sekten üblichen großen „Wissenden". In Schads Kosmos nimmt der Okkultist Aleister Crowley als selbst ernannter „Weltheiland" und Gründer der sexualmagischen Sekte Thelema eine solche Position ein. Der Brite kommt 1930 für zwei Jahre nach Berlin, und Schad, der ihm wohl nie begegnet ist, besucht 1931 die Ausstellung seiner bizarren Gemälde in der Galerie Karl Nierendorf.

Crowley bezog seine Kraft und Erkenntnis nach eigener Aussage von ägyptischen Göttern. In seiner problematischen Persönlichkeit verband sich sexuelle Entgrenzung mit der Unbedingtheit und dem Allmachtsanspruch eines totalitären „Religionsstifters". Schad ist mit allen seinen wesentlichen Schriften durch die Übersetzungen der Antisemitin und glühenden Hitler-Verehrerin Martha Küntzel vertraut. Der Künstler schreibt 1950 an den selbst ernannten Crowley-Nachfolger Friedrich Lekve: „Ich bin froh [...], dass Sie die Möglichkeit der Beschäftigung mit Crowleys wundervollen Dichtungen geschaffen

Baphomet, 1950, Aquarell auf Papier, 49 × 31,9 cm

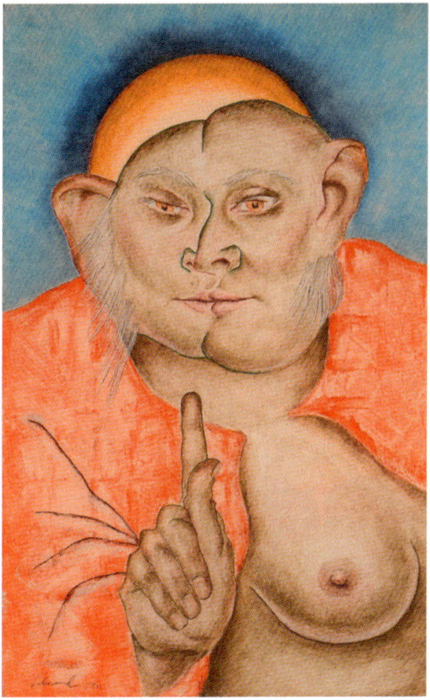

haben. Dichtungen, die so intensiv um das Einzige kreisen, was wirklich noch Sinn hat, beschrieben zu werden. So sehr mir diese zarte und liebevolle Weise, Sein und Geschehen in bildhafter Folge oder Märchen zu klären, nahe steht, so sehr liebe ich auch seine feinen lockeren Bemerkungen, die jenseits aller eingebürgerten Moral stehen." Kurz darauf tritt Schad der von Friedrich Lekve gegründeten Hildesheimer Abtei Thelema bei. Gemeinsam mit Johannes Ludwig Schmitt bilden die drei fortan eine thelemische „Studiengemeinschaft".

Schad hält auch seine Frau Bettina seit Beginn ihrer Beziehung zum Studium okkulter Lehrschriften an. Seinem übrigen Umfeld gegenüber bleibt er dagegen streng verschwiegen. Gleichwohl offenbaren Schads Werke vor allem in den 1950er-Jahren die Beschäftigung mit der thelemischen Idee. Zentrale Figur ist der Dämon Baphomet. Schad zeigt ihn in geschlechtlicher Zwienatur mit polyfokaler oder dualistischer Gesichtsbildung als Zeichen der höheren Ebenen seiner Existenz. „Baphomet" war außerdem der Initiationsname des „Weltheilands" Aleister Crowley.

Ein „gemachter" Mann – Schad im Kunstmarkt

Erst Mitte der 1960er-Jahre kommt für Schad das lang ersehnte Ziel in Sicht. Die Frankfurter Galeristin Dorothea Loehr organisiert im Funkhaus am Dornbusch eine Ausstellung zu seinem 70. Geburtstag. In der *Frankfurter Rundschau* werden daraufhin die Porträts des „Ex-Dadaisten" und ihr „unterkühlte[r], exakt gemalte[r] Verismus" hervorgehoben. Wichtig für die Aufmerksamkeit erster Sammler ist die ebenfalls 1964 stattfindende Präsentation in der Galerie Hans Brockstedts in Hamburg: *Gesichter der 20er Jahre.* Die ZEIT schreibt im November 1964: „Christian Schad ist deshalb ein wichtiger Maler, weil er eine extreme Position markiert, den äußersten Punkt, bis zu dem das Pendel vom expressionistischen Seelenportrait der vorangegangenen Jahre überhaupt ausgeschlagen ist [...]"

Wirkung entfaltet Schads Werk parallel in Italien, wo der Malerei der Neuen Sachlichkeit nicht wie in der Bundesrepublik das allgemeine Vorurteil „nationalsozialistischer Systemkunst" entgegenschlägt. Neben dem Dada-Experten Arturo Schwarz

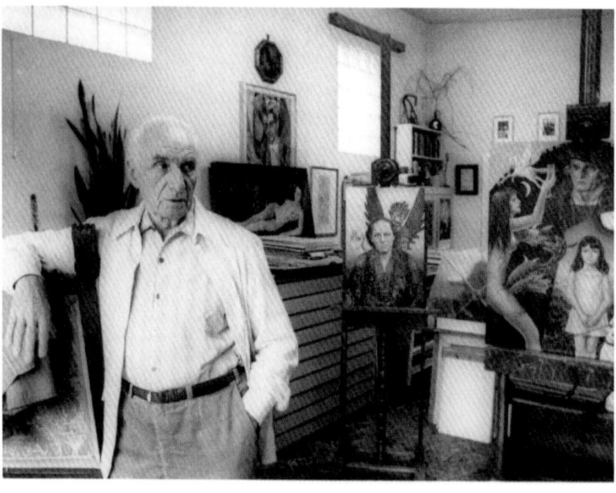

Christian Schad in seinem Atelier in Keilberg bei Aschaffenburg, um 1980

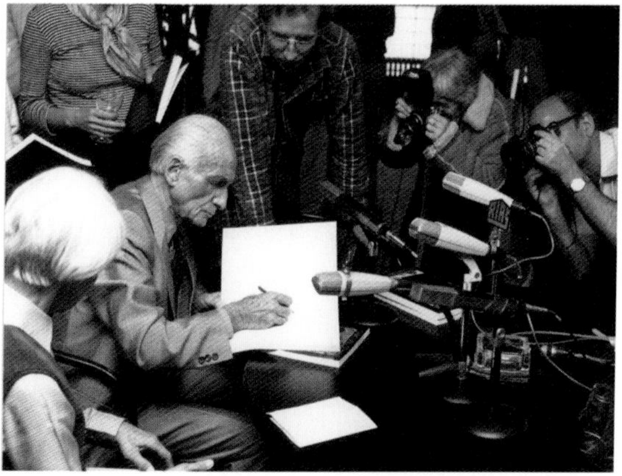

Bettina und Christian Schad bei der Pressekonferenz zur großen Retrospektive in der Berliner Kunsthalle, 1980

setzt sich in Mailand der Galerist Emilio Bertonati für den Künstler ein. 1972 bildet die große Retrospektive im Palazzo Reale in Mailand den Höhepunkt. Bertonati weist den deutschen Kunsthistoriker Wieland Schmied auf das Œuvre hin, worauf dieser Schad die Beteiligung an der Ausstellung *Realismus und Neue Sachlichkeit* des Arts Council of Great Britain ermöglicht.

Dem Verleger und Kunsthändler Carl Laszlo verdankt Schad 1972 eine materialreiche Monografie. Dessen Aufbauarbeit wird 1974 von Günter A. Richter in Stuttgart fortgesetzt. Richter avanciert bald zum Apologeten des Künstlers Christian Schad, organisiert eine große Zahl von Ausstellungen und gibt Schads grafisches Werk heraus. Er gibt auch den Anstoß zur großen Berliner Retrospektive von 1980 und prägt damit für Jahre das Bild vom widerständigen Epochenkünstler: „Er hat das Leben und die Kunst als ‚die Idee der unbegrenzten Freiheit' definiert. [...] Er duldete keine Abstriche. Gegen den Druck der Zeit setzte er seine Unbeirrbarkeit, indem er tat, was ihm eine Antwort war. Und nichts tat, wenn ihm das als das Bessere erschien. [...] Die Postulate der Verkünder und die Auseinandersetzungen der Zeitgenossen interessieren ihn nicht."

ALTE KONTAKTE

Neben seinem „geheimen Leben“ betreibt Schad fortwährend und intensiv das Geschäft der Kontaktpflege und der Selbstvermarktung. Er versucht, im Kunstgeschehen der jungen Bundesrepublik Fuß zu fassen. 1951 schildert er seine Situation in einem Brief an seinen Kollegen, den vor 1945 als Münchner Akademieprofessor und Mitorganisator der Münchner *Tage der Deutschen Kunst* etablierten Bildhauer Richard Knecht: „Ich wäre Ihnen nun sehr dankbar, wenn Sie mich etwas unter Ihre Fittiche nähmen. Denn, im allgemeinen wird es bei Münchner Ausstellungen auch nicht anders sein als anderswo. [...] Vor kurzem hatte ich nach längerer Zeit endlich wieder einmal einen Auftrag. Ein Kinderporträt. Ein seltener Tropfen auf den heißen Stein. Sonst: an der Volkshochschule habe ich jetzt einen Vortragszyklus über Ostasien gehalten. Außerdem gebe ich dort noch Abendkurse in französischer Sprache. Meine Frau illustriert, sehr ab und zu, etwas für die hiesige Zeitung und so hält man sich notdürftig zusammen und bleibt unverbesserlicher Idealist.“ Aus den alten Verbindungen entstehen aber keine neuen tragfähigen Kontakte, und innerhalb der nächstjüngeren, sich der Abstraktion und neuen Formen zuwendenden Generation wendet man sich von Schad ab. 1954 schreibt er an Josef Henselmann, den neuen Präsidenten der Münchner Akademie der Bildenden Künste. Nach Begutachtung einiger Fotos seiner Werke durch das Professorenkollegium erhält er diese sowie Osborns Monografie von 1927 kommentarlos zurück.

Späte Anerkennung

„PROPAGANDA" UND NEUE SCHADOGRAPHIE

Schad beherrschte die Mechanismen des Marktes und kannte die Funktionen seiner Akteure im sensiblen Zusammenspiel von Kunstkritik, Wissenschaft, Handel und Öffentlichkeit. Unermüdlich war er damit beschäftigt, sein Werk über Ausstellungsbeteiligungen und Reproduktionen bekannt zu machen. Er benötigte dabei die Wertschätzung einzelner Repräsentanten, die im Mediengewirr Gehör finden würden. 1954 entdeckt er in dem Frankfurter Kritiker Godo Remszhardt einen geeigneten Promotor. Dieser versteht es, über den Abgrund der Nazizeit hinweg das Schaffen des Künstlers als Glanzpunkt einer vermeintlich unbelasteten Vorkriegsmoderne herauszustellen und schreibt 1956 im Katalogvorwort der in Wolfgang Gurlitts Münchner Galerie stattfindenden Ausstellung: „Christian Schad, der vom Handwerk her uns üppige Spiele bieten könnte, hat in extremen Experimenten eine Form destilliert, die in ihrer herben Schärfe zugleich Erhellung des Traums und bannendes Urteil gibt und eine neuartige Schönheit bildet. [...] Damals war er bereits, von Berlin und Genf und Wien her, ein in ganz Europa bekannter Künstler, von dem später auch das Museum of Modern Art in New York einige Arbeiten aufnahm. [...] Während des Dritten Reichs hat Schad abseits gelebt, ohne Veröffentlichungen und Ausstellungen, hat private Portraits gemalt [...]."

Mehr, glaube ich, kann man in dieser Welt nicht erfahren.

Christian Schad an Dr. Alfons Goppel, 1979

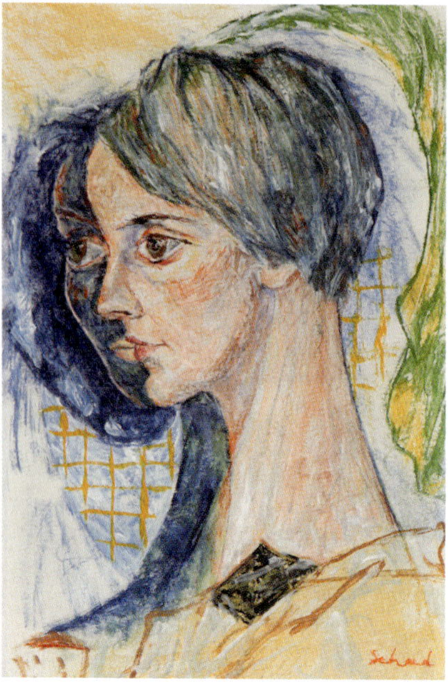

Bettina, 1958, Mischtechnik auf Hartfaser, 49,5 × 34,5 cm

Remszhardt erkennt auch das Potenzial der Schadographie. Er findet zur Überraschung des Künstlers heraus, dass das New Yorker Museum of Modern Art 1938 in der Ausstellung *Fantastic Art, Dada, Surrealism* einige frühe Schadographien aus dem Besitz Tristan Tzaras gezeigt hatte. Von Remszhardt stammt zu Beginn der 1960er-Jahre auch der Hinweis auf den Dichter Aloysius Bertrand. Dessen 1842 erschienene Gedichtfolge *Gaspard de la nuit* wird zu einer wesentlichen Inspirationsquelle für Schads Neuinterpretation des Fotogramms nach 1960. In der formalen wie inhaltlichen Ungreifbarkeit der Texte findet er ein Äquivalent für das Unbestimmte seiner Schadographien. Schad nennt die nach dieser Vorlage entstandene Serie *Gaspard de la nuit oder Die Hochzeit der Romantik mit dem Geist Dadas.*

SELBSTMUSEALISIERUNG UND BETTINA SCHADS HISTORIOGRAPHIE

Mit zunehmender öffentlicher Wertschätzung und wachsendem Erfolg seiner Gemälde aus den 1920er-Jahren sowie seiner Dada-Experimente verflüchtigen sich in Schads Œuvre seit Mitte der 1960er-Jahre nach-expressive Formexperimente und

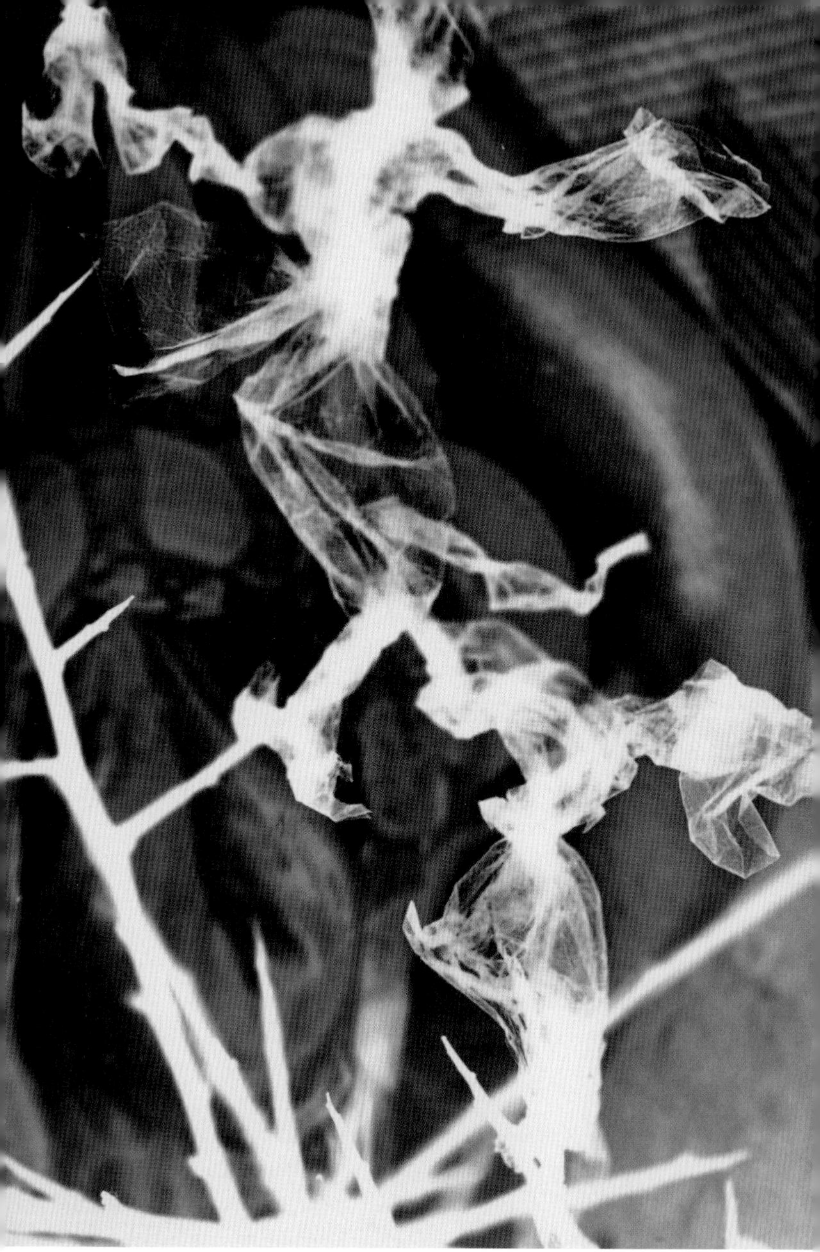

Schadographie Nr. 68, 1963, Fotogramm, 17,4 × 12,5 cm

In Berlin scheint der Gegenstand wieder Protagonist zu sein, dank der Popart. [...] Und so auf Katzenpfoten, hinter dem Rücken der Gegenstandslosen, schleicht es sich heran. Meine Ausstellung soll auf Veranlassung von Brockstedt nach Berlin kommen.

Christian Schad an Doris Hahn, 1964

okkulte Bildprogramme. Parallel zur Verfestigung der stringenten Erzählung vom Epochenkünstler und widerständigen Einzelgänger hält nun die Wiederaufnahme der neusachlichen Malweise in Form des **Magischen Realismus*** Einzug in sein Schaffen. Es begegnen die bekannten Inhalte: Motive der Halbwelt und der gesellschaftlichen Außenseiter, das Varieté, der Zirkus, der bunte Flitter der Schausteller, die Bars und Kaschemmen. Es sind Erinnerungen an Zürich, Neapel, Wien und Paris. Exemplarisch stehen dafür Gemälde wie *Engel im Separée* (1964), *Guinche à Ménilmontant* (1965) oder *Pavonia* (1966). *Pavonia* erinnert in ihrer herben Attitüde an die Reichsgräfin Triangi (*Triglion*, 1926) aus Schads Wiener Zeit. In mehreren Studien sorgfältig vorbereitet, fand der Künstler wieder zu der minutiösen Behandlung der Stofflichkeit, zu beobachten an der Durchbildung von Gesicht und Händen der verhärmten Puffmutter, einer „Frau, die alles kennt, was das Leben anbietet", wie Schad in der betreffenden „Bildlegende" (1976/77) schreibt.

Zu den bevorzugten Modellen des Künstlers zählte seine zweite Frau Bettina, er malte sie im Verlauf der Jahrzehnte immer wieder. Sämtliche ihrer Porträts blieben bis zu seinem Tod im Besitz des Malers. In einer Bildlegende zum Porträt seiner Frau

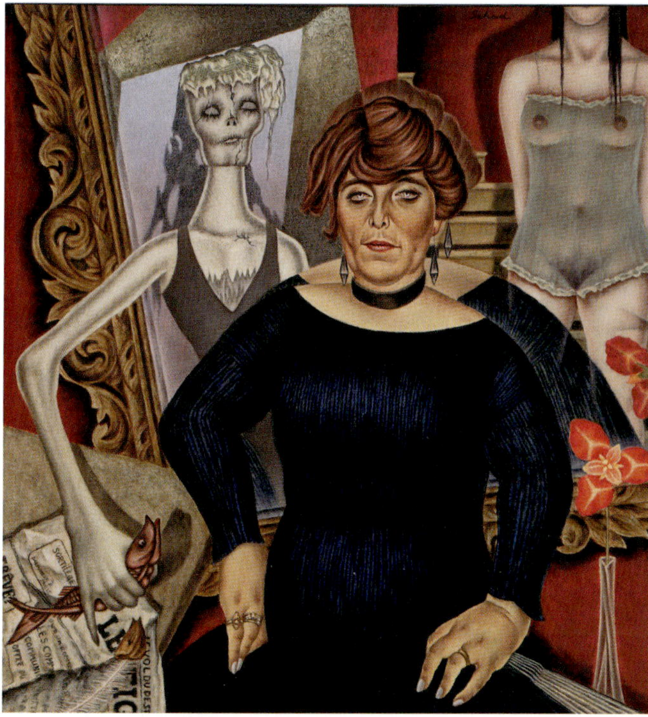

Pavonia, 1966, Mischtechnik auf Hartfaser, 1966, 94 × 91 cm

Diese vielschichtige Komposition mit mehreren Realitäts- und Darstellungsebenen erinnert an Otto Dix und die einstige soziale Schärfe des veristischen Flügels der Neuen Sachlichkeit. Schads mokantes Spiel mit dem Blühen und Vergehen weiblicher Schönheit, seine Andeutungen auf den gewerbsmäßigen Verbrauch derselben, das symbolische Spiel mit der namengebenden Pfauenlilie: Alles spiegelt sich in sich selbst als ironischer Kommentar zur kalten Präsenz der Puffmutter als Titelheldin im Zentrum des Bildes. Das halb zersetzte Gerippe, nach Schad „vielleicht die Mumie der Thaïs", evoziert erotische Konnotationen um das klassische Motiv der „Kindfrau", den Fisch in der Leichenhand als phallisches Symbol.

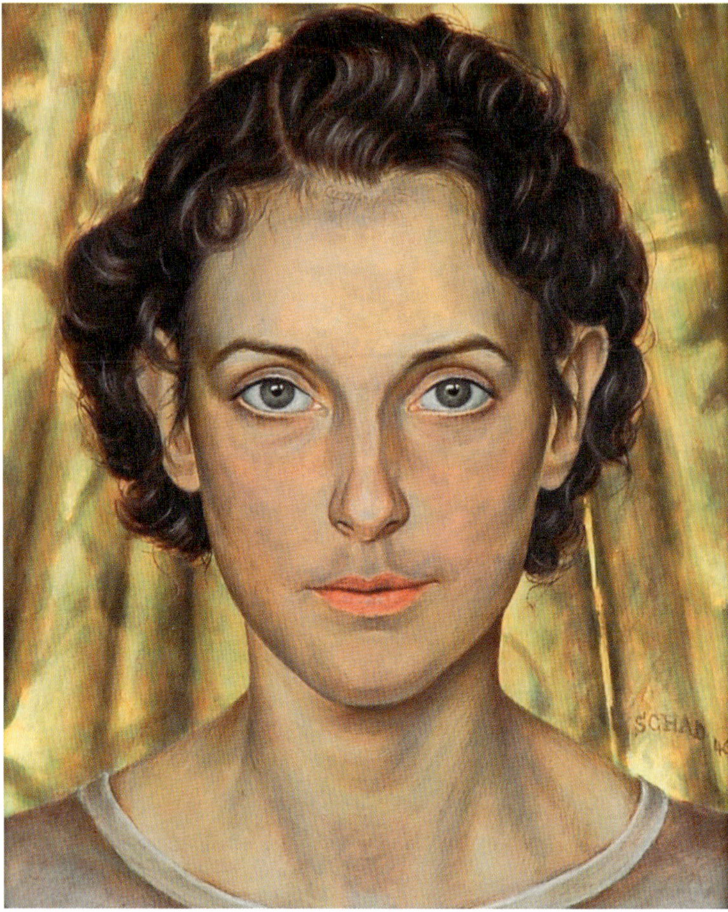

Bettina, 1946, Wachstempera auf Holz, 29,5 × 25,2 cm

aus dem Jahr 1966 charakterisiert Schad knapp die Beziehung zu ihr: „Da diese Frau mein bester Freund und als mein Helfer immer um mich ist, war es mir möglich, lange an dem Bild zu malen [...].“ Bettina Schad führte mit ihren über Jahrzehnte redigierten „Biographischen Angaben“ quasi ein selektives Lebensprotokoll ihres Mannes von Tag zu Tag. Es bildet eine in

[...] aber wer gibt mir einen Nachschlüssel oder ein Brecheisen zu der Stahl- oder sonst einer Industrie? Christian Schad an Doris Hahn, 1961

Details verlässliche Grundlage, diente aber durch bewusste Auslassungen auch der Steuerung des von außen wahrnehmbaren Bildes. Beider Anstrengungen gleichen einer jahrzehntelangen Fleißarbeit. An seinen damaligen Galeristen Hans Brockstedt in Hamburg schreibt Schad 1969: „Wir waren allerdings 10 Tage lang völlig eingeschneit [...], so habe ich neben dem Malen Zeichnungen sortiert und meine Frau hat an der Zusammenstellung der biographischen Daten etc. weiter gearbeitet. Diese Arbeit wird jetzt immer dringender." Bettina Schad lieferte als wissenschaftliche Bearbeiterin wichtige Grundlagen für die seit 2008 erscheinenden Werkverzeichnisse. Vor allem wirkte sie als hingebungsvolle Biografin, Archivarin, Promoterin und nicht zuletzt als versierte Türhüterin.

BEZIEHUNGSLOSE BEZIEHUNGEN

Es existieren kaum Zeugnisse von Personen außerhalb der Familie über den „Menschen" Christian Schad. Dem Schicksal seiner ersten Frau Marcella begegnete der Künstler mit Kälte und Verleugnung, der einzige Sohn blieb lebenslang eine Randgestalt, die um die Anerkennung des Vaters kämpfte. Walter Serner verwandelt sich in Schads *Relative Realitäten. Erinnerungen um Walter Serner* schließlich zu einer literarischen Figur, die seinen eigenen Anspruch, Teil der Zürcher Avantgarde gewesen zu sein, legitimieren soll. Seine zweite Frau Bettina erhielt als Assistentin dagegen exklusiven Einblick in die künstlerische wie geistige Werkstatt des Malers. Doch drang auch sie über gewisse Grenzen hinweg nicht zu ihm vor. Über sein Selbstbildnis „Die Umgebung" schreibt

Schad 1969 an die Künstlerin Doris Hahn: „Liebe Frau Hahn, was Bettina über das Bild ‚Umgebung' schreibt, stimmt schon ziemlich mit Ausnahme des aus den Fingern Gesogenen. […] Wahrscheinlich amüsiert mich all dies[e] Umgebung trotz der bedrückenden Nähe doch."

KÜNSTLERISCHER DURCHBRUCH

1977 werden Werke des Künstlers wie das Relief *L'image d'une femme* (1920) in der großen Europaratsausstellung *Tendenzen der zwanziger Jahre* in Berlin gezeigt. Im Wiener Museum des 20. Jahrhunderts und im Pariser Centre Georges Pompidou ist der Künstler Teil der großen Überblicksschau *Paris – Berlin, 1900–1933*. 1978 finden zwei Präsentationen mit Werken Christian Schads in der Hayward Gallery in London statt: *Dada and Surrealism Reviewed* sowie *Neue Sachlichkeit and German Realism of the Twenties*. Die große, auch das Spätwerk umfassende Retrospektive folgt schließlich 1980 in der Staatlichen Kunsthalle Berlin, kuratiert von Dieter Ruckhaberle und Matthias Eberle. Die Berichterstattung spiegelt die Vermittlungsstrategien von Schads Kunsthändler und Ver-

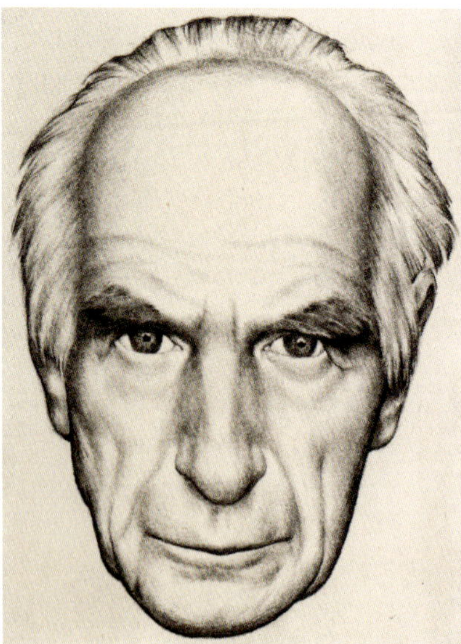

Selbstporträt, 1981, Radierung, 17,3 × 13,2 cm

leger Günter A. Richter wider. Heinz Ohff, Feuilletonchef des *Berliner Tagesspiegels,* schreibt: „Schad ist nicht nur einer der bedeutendsten Maler seiner Generation, er war und ist auch einer der konsequentesten Individualisten der neueren Kunstgeschichte. Kein Parteigänger. Weder künstlerisch noch politisch, sondern ein Unabhängiger [...]."

Der Künstler ist am Ziel angelangt. 1979 schreibt er an den ehemaligen bayerischen Ministerpräsidenten Alfons Goppel, mit dem er seit dessen politischer Tätigkeit in Aschaffenburg in den 1950er-Jahren verbunden geblieben war: „Es war und ist so viel zu tun, wenn man plötzlich auch vom eigenen Land intensiver betrachtet wird. Vermutlich waren es [...] die großen internationalen Ausstellungen [...], die letzten Anstoß gaben."

Schad stirbt nach längerer Krankheit am 25. Februar 1982 in Stuttgart. Seine Frau Bettina vermacht der Stadt Aschaffenburg im Jahr 2000 den gesamten künstlerischen und privaten Nachlass. Mit sanfter Nachdrücklichkeit gelingt es ihr, in beider Wahlheimat eine Nachlassstiftung zu etablieren und damit das Christian Schad Museum in Aschaffenburg auf den Weg zu bringen, das zwei Jahrzehnte später seine Pforten öffnet.

* **DADA** *Angesichts der Zerstörungskraft im Ersten Weltkrieg revoltierten 1916 junge Künstlerinnen und Künstler in Zürich durch die Umwertung des traditionellen Kunstbegriffs. Ihr Mittel war die ironische Glorifizierung des Antisinns, des Zufalls und des materiell Minderwertigen. Aus Dada entstehen neue Ausdrucksformen, unter anderem Readymade, Collage, Assemblage, Klangkunst, absurdes Theater und Performance.*

---

* **ENTARTETE KUNST** *Auf Anordnung des Reichspropagandaministers Joseph Goebbels wurden 1937 Kunstwerke verfemter Künstlerinnen und Künstler aus öffentlichen Sammlungen für die Ausstellung* Entartete Kunst *beschlagnahmt und im alten Münchner Galeriegebäude der Lächerlichkeit preisgegeben.*

---

* **MAGISCHER REALISMUS** *Begriff des Kunsttheoretikers Franz Roh für eine Strömung innerhalb der realistischen Malerei Mitte der 1920er-Jahre: „[...] neue, geheimnisvolle Nüchternheit, [...] gekappte, beinahe asketische Strenge des Bildgefüges, [...] Sonderausdruck der Dinglichkeit unserer äußeren Umgebung, [...] Synthese von innerem Ausdruck des Schaffenden und ‚Eigenausdruck der bestehenden Außenwelt selber'". Schad wählte später den Begriff, um sich von Zeitgenossen wie Otto Dix oder George Grosz abzusetzen und das „magische" Element seiner esoterischen Bildentwürfe zu betonen.*

---

* **NEUE SACHLICHKEIT** *Gustav Friedrich Hartlaub versammelte in seiner bahnbrechenden Mannheimer Ausstellung (1925) unter diesem Begriff „[d]iejenigen Künstler [...], die der positiven greifbaren Wirklichkeit mit einem bekennerischen Zuge treu geblieben [...] sind". Joseph Goebbels sah in ihrem stilisierten Realismus die „deutsche Kunst des nächsten Jahrhunderts". Adolf Hitler wollte*

die „Sachlichkeitsschwätzer unter keinen Umständen an [der] kulturellen Neugeburt teilnehmen zu lassen".

---

* **OKKULTISMUS** *Oberbegriff für eine Vielzahl von Geheimwissenschaften, die seit dem 19. Jahrhundert als Herleitung unterschiedlicher Weltanschauungen dienten, wie Theosophie, Anthroposophie, moderne Rosenkreuzer. Ziel war die Aufwertung einer meist rassisch definierten Elite durch geoffenbartes „Wissen" und okkulte Rituale. Heinrich Himmler und Rudolf Heß waren Anhänger okkulter Heilslehren.*

---

* **SCHADOGRAPHIE** *Eine bereits im 19. Jahrhundert entwickelte Fotogramm-Technik, die Schad 1919 für künstlerische Kompositionen verwendete. Er nutzte fotosensitive Reaktionen, verursacht von Gegenständen, die er unter einer natürlichen Lichtquelle auf dem mit lichtempfindlichen Emulsionen beschichtete Barytpapier arrangierte. Ab 1960 belichtete Schad seine Kompositionen mit veränderter Technik in der Dunkelkammer.*

---

* **VEREIN BERLINER KÜNSTLER** *Der 1841 gegründete Verein war die bedeutendste Künstlervereinigung Berlins. Nach erfolgter „Gleichschaltung" in der Nazizeit konnten die Mitglieder Kunst im Rahmen der regelmäßigen Vereinsausstellungen veräußern, ohne den Weg über staatliche Stellen zu gehen.*

---

* **VERISMUS** *Eine gesellschaftskritische Ausprägung der Neuen Sachlichkeit in den 1920er-Jahren, zu deren bedeutendsten Vertretern in Deutschland Otto Dix und George Grosz gehörten. Sie brandmarkten durch Sarkasmus und ironische Überzeichnung bürgerliche Scheinmoral und die nach dem Weltkrieg ungebrochene Herrschaft von Militarismus und Kapitalismus.*

Ausgewählte Literatur

Christian Schad. 1894–1982, Ausst.-Kat. Kunsthaus Zürich, Städtische Galerie im Lenbachhaus, München, Kunsthalle Emden, Stiftung Henri und Eske Nannen, Zürich 1997

Christian Schad. Retrospektive. Leben und Werk im Kontext, hrsg. von Rudolf Leopold und Michael Fuhr, Ausst.-Kat. Leopold-Museum, Wien, Köln 2008

Heesemann-Wilson, Andrea: *Christian Schad, Expressionist, Dadaist und Maler der Neuen Sachlichkeit. Leben und Werk bis 1945,* Diss. Georg-August-Universität Göttingen 1978

Keß, Bettina: „Mitglied (kein Amt, kein Rang)". Christian Schad im Nationalsozialismus. Ein neuer Blick auf Eigenbild, Fremdbild und Quellen, RIHA Journal 0210, 18. Juni 2019, https://www.riha-journal.org/articles/2019/0210-kess

Laszlo, Carl: *Christian Schad,* Basel 1972

Moreck, Curt: *Führer durch das „lasterhafte" Berlin,* Leipzig 1931

Osborn, Max: *Der Maler Christian Schad,* Berlin 1927

Richter, Günter A.: *Christian Schad. Die erste umfassende Monographie zu Werk und Leben des Künstlers,* Rottach-Egern 2002

Richter, Günter A. (Hrsg.): *Christian Schad. Texte, Materialien, Dokumente,* Rottach-Egern 2004

Richter, Thomas: Art. „Schad, Christian", in: Allgemeines Künstlerlexikon. *Die Bildenden Künstler aller Zeiten und Völker,* hrsg. von Andreas Beyer, Bénédicte Savoy und Wolf Tegethoff, Bd. 101, Berlin, Boston 2018, S. 325–329 (siehe auch AKL-Online)

Richter, Thomas: *Christian Schad. Künstler im 20. Jahrhundert,* Bd. 1: *Bausteine zur Biographie,* Bd. 2: *Bildlegenden und Texte,* Petersberg 2020

Schad, Christian: „Die Grünewald-Kopie in der Stiftskirche zu Aschaffenburg“, in: *Maltechnik. Technische Mitteilungen für Malerei und Bildpflege,* 67. Jg., 1961, H. 2, S. 48–53

Schad, Christian: *Relative Realitäten. Erinnerungen um Walter Serner* [1971], mit einer Nachbemerkung von Bettina Schad, Augsburg 1999

WERKVERZEICHNISSE IN 5 BÄNDEN IM WIENAND VERLAG:

Adkins, Helen, und Otschik, Ines: *Christian Schad 1894–1982. Werkverzeichnis,* Bd. III: *Schadographie,* hrsg. von der Christian-Schad-Stiftung Aschaffenburg, Köln 2019

Brandmüller-Pfeil, Nicole: *Christian Schad 1894–1982. Werkverzeichnis,* Bd. IV: *Druckgraphik,* hrsg. von der Christian-Schad-Stiftung Aschaffenburg (in Bearb.)

Kaufhold, Enno: *Christian Schad 1894–1982. Werkverzeichnis,* Bd. II: *Photographie,* hrsg. von der Christian-Schad-Stiftung Aschaffenburg, Köln 2013

Knesebeck, Alexandra von dem: *Christian Schad 1894–1982. Werkverzeichnis,* Bd. V: *Zeichnungen und Aquarelle,* hrsg. von der Christian-Schad-Stiftung Aschaffenburg (in Bearb.)

Ratzka, Thomas: *Christian Schad 1894–1982. Werkverzeichnis,* Bd. I: *Malerei,* hrsg. von der Christian-Schad-Stiftung Aschaffenburg, Köln 2008

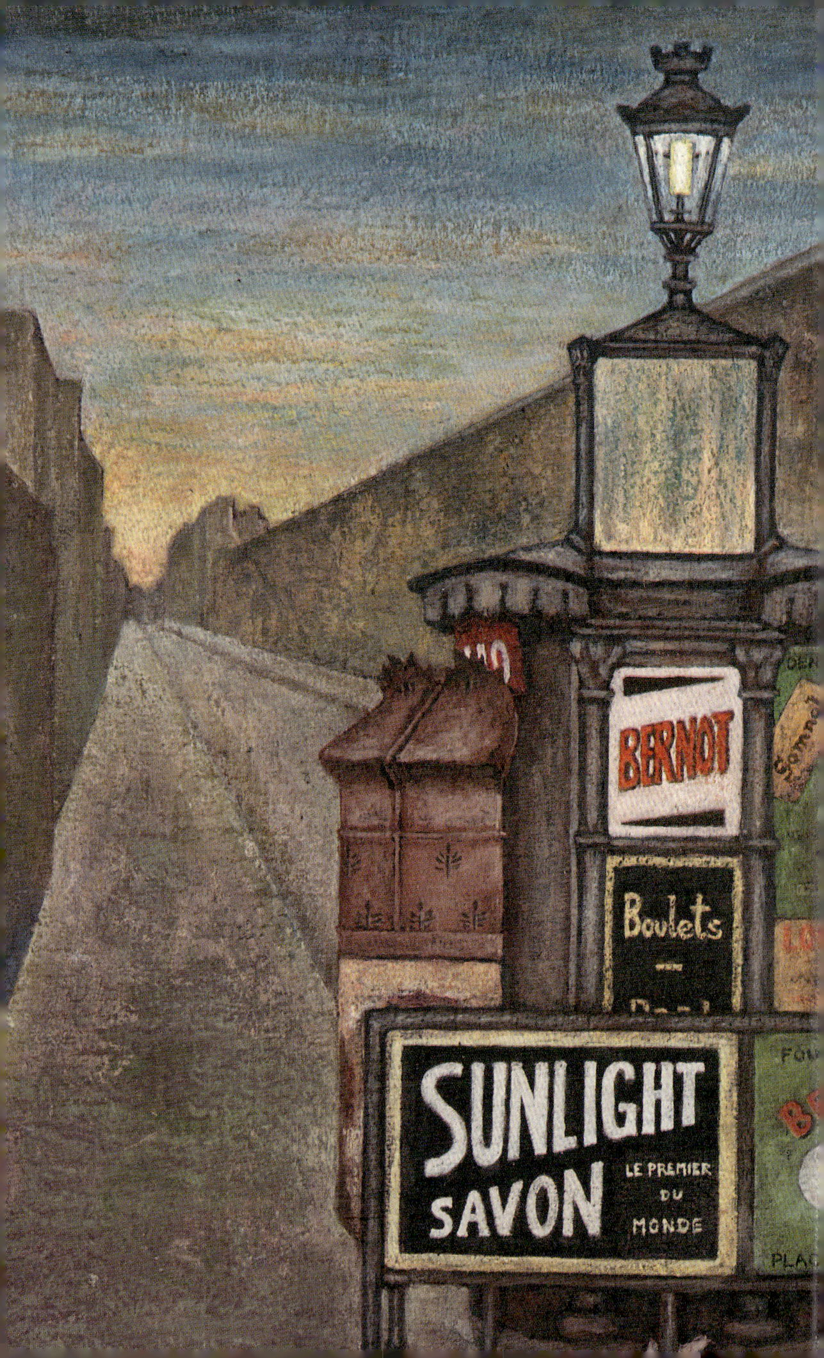
BERNOT
Boulets
SUNLIGHT
SAVON
LE PREMIER
DU
MONDE